外国语言文学研究丛书

语言形式聚焦研究
以中国大学英语课堂小组互动为例

刘芳 著

RESEARCH ON FOCUS ON FORM
AN EMPIRICAL STUDY ON GROUP INTERACTION IN CHINESE ENGLISH CLASSES

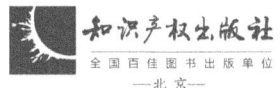

知识产权出版社
全国百佳图书出版单位
—北京—

图书在版编目（CIP）数据

语言形式聚焦研究：以中国大学英语课堂小组互动为例/刘芳著. —北京：知识产权出版社，2020.7
（外国语言文学研究丛书）
ISBN 978-7-5130-7002-7

Ⅰ.①语… Ⅱ.①刘… Ⅲ.①高等学校—英语—课堂教学—教学研究—中国 Ⅳ.①H319.3

中国版本图书馆CIP数据核字（2020）第100764号

内容提要：

本书以认知理论为基础，从社会文化角度对中国大学英语课堂小组互动中的语言形式聚焦进行系统的、全方位的、静态和动态相结合的探究，透彻分析语言形式聚焦的特征、发展变化情况、影响因素等。由于研究数据源自真实的自然课堂而非实验环境，因此研究结果具有一定的代表性，能反映目前中国大学英语课堂中学习者语言形式聚焦的真实状态，为大学英语教师群体提供有益的借鉴和参考。

责任编辑：王志茹　　　　　　　责任印制：孙婷婷

外国语言文学研究丛书

语言形式聚焦研究——以中国大学英语课堂小组互动为例
YUYAN XINGSHI JUJIAO YANJIU——YI ZHONGGUO DAXUE YINGYU KETANG XIAOZU HUDONG WEILI

刘　芳　著

出版发行：知识产权出版社有限责任公司	网　址：http://www.ipph.cn
电　话：010-82004826	http://www.laichushu.com
社　址：北京市海淀区气象路50号院	邮　编：100081
责编电话：010-82000860转8761	责编邮箱：laichushu@cnipr.com
发行电话：010-82000860转8101	发行传真：010-82000893
印　刷：北京建宏印刷有限公司	经　销：各大网上书店、新华书店及相关专业书店
开　本：720mm×1000mm 1/16	印　张：9
版　次：2020年7月第1版	印　次：2020年7月第1次印刷
字　数：132千字	定　价：58.00元
ISBN 978-7-5130-7002-7	

出版权专有　侵权必究
如有印装质量问题，本社负责调换。

前　言

自20世纪80年代以来，语言形式聚焦一直是语言学界关注的热点。语言形式聚焦是在以意义交流为主要目标的语言交际活动中对语言形式的关注，它能够促进英语学习者交际能力和语言能力的同步发展。大量针对语言形式聚焦和二语习得之间关系的研究结果表明，语言形式聚焦对二语或外语课堂产生了积极的影响，但是这些研究通常是以某一种或几种具体的语言形式为研究内容而进行的实验研究或准实验研究，其研究结果难以适用于正常教学环境下的自然课堂。为了能对自然课堂教学产生实际的指导作用，本书将语言形式聚焦的研究设置在语言教学的实际发生地，即自然课堂中进行。同时，为了秉承语言交际课堂以学习者为中心的教学理念，本书将研究范围设定为学习者本身，关注小组互动中学习者语言形式聚焦的情况。除此之外，本书采取历时研究的方法，一改前人的语言形式聚焦研究普遍偏重静态研究的做法，将定性与定量研究相结合以了解语言形式聚焦的特征、发展变化情况，以及影响语言形式聚焦的因素。

全书分为7章。

第1章绪论，首先介绍了研究背景，然后详细阐述研究的内容、意义和创新点。

第2章文献综述，首先回顾了语言形式聚焦产生的背景、语言形式聚焦的理论基础及其历史发展过程，然后总结了国内外语言形式聚焦实证研究现状，再从课堂小组互动研究的角度总结了国内外语言形式聚焦研究的现状及存在的不足之处，最后根据现有研究存在的不足提出了本研究的可行性和必要性。

第3章研究设计与实施。本章包括研究问题、相关变量的界定及测量、研究对象、研究设计、数据收集和数据处理，确定了具体的研究方法和数据处理方式。

第4章小组互动中语言形式聚焦的特征。本章主要包括三方面内容：一是描述统计小组互动中语言形式聚焦各类别的次数和比例；二是从语言形式聚焦的类型、语言形式、发起方式、解决方式、解决结果和领会结果等方面分析语言水平和语言形式聚焦之间的关系；三是根据前面得出的数据结果，结合非结构性访谈的结果，归纳和总结小组互动中语言形式聚焦的特征。

第5章小组互动中语言形式聚焦的发展变化。这一章首先对上、下两个学期学习小组互动中的语言形式聚焦的特征分别进行描述性统计，包括语言形式聚焦各类别的次数和所占比例，即语言形式聚焦的频次、类型、语言形式、发起方式、发起者的语言水平、解决方式、解决结果和领会结果等方面的描述性统计。然后，根据描述性统计的结果，结合非结构性访谈分析大学英语课堂小组互动中语言形式聚焦的发展变化情况。

第6章影响语言形式聚焦的因素。本章主要分为两个部分：第一部分阐述问卷调查的结果；第二部分在问卷调查结果的基础上，结合对部分被试者进行一对一的非结构性访谈的结果，通过定性和定量相结合的研究方法，从社会文化的角度分析影响中国大学生小组互动中语言形式聚焦的因素。

第7章总结与展望。本章首先概述了研究的主要发现，然后归纳总结研究的理论贡献，并分析研究对教学的启示，最后指出研究的局限性及未来研究的方向。

本书是对中国大学英语学习者语言形式聚焦的系统的、全方位的、静态和动态相结合的研究，研究数据源自真实的自然课堂，研究结果为教师在课堂教学中有针对性地开展语言教学、提高课堂教学的有效性提供了有益的借鉴与参考。

由于笔者水平所限，书中难免存在疏漏之处，希望广大读者提出宝贵的建议，将不胜感激。

目 录

第1章 绪论 ... 1
1.1 研究背景 ... 1
1.2 研究内容及意义 ... 5
1.3 研究的创新点 ... 6

第2章 文献综述 ... 8
2.1 语言形式聚焦研究 ... 8
2.2 课堂小组互动研究 ... 26
2.3 课堂小组互动中的语言形式聚焦研究 ... 28
2.4 本章小结 ... 29

第3章 研究设计与实施 ... 31
3.1 研究问题 ... 31
3.2 相关变量的界定及测量 ... 31
3.3 研究对象 ... 38
3.4 研究设计 ... 41
3.5 数据收集 ... 44
3.6 数据处理 ... 45
3.7 本章小结 ... 46

第4章 小组互动中语言形式聚焦的特征 ... 47
4.1 小组互动中语言形式聚焦特征的总体描述 ... 47

    4.2 小组互动中语言水平与语言形式聚焦之间的关系 ················ 49
    4.3 分析与讨论 ·· 60
    4.4 本章小结 ··· 72

第5章　小组互动中语言形式聚焦的发展变化 ········ 74
    5.1 语言形式聚焦发展变化的描述性统计 ························· 74
    5.2 分析与讨论 ·· 82
    5.3 本章小结 ··· 88

第6章　影响语言形式聚焦的因素 ······························ 89
    6.1 结果 ··· 90
    6.2 分析与讨论 ·· 95
    6.3 本章小结 ·· 104

第7章　总结与展望 ·· 106
    7.1 研究的主要发现 ··· 106
    7.2 研究的理论贡献和教学启示 ··································· 109
    7.3 研究的局限性及未来研究的方向 ····························· 117

附录 ·· 120
    附录1 大学英语课堂上学期小组讨论话题 ···················· 120
    附录2 大学英语课堂下学期小组讨论话题 ···················· 120
    附录3 大学英语课堂小组互动实施情况调查问卷 ·········· 121
    附录4 大学英语课堂小组互动实施情况访谈问题 ·········· 123

参考文献 ·· 125

后记 ·· 136

第1章 绪 论

语言形式聚焦是20世纪80年代末的新兴理论，经过近30年的发展，已经成为二语习得领域关注的热点。国内外的研究者❶开展了大量关于语言形式聚焦方面的研究，研究结果都表明语言形式聚焦对二语或外语课堂产生了积极的影响。除对语言形式聚焦进行理论上的探讨之外，研究者们还开展了大量的实证研究，但是大部分语言形式聚焦的研究是在二语教学环境下进行的实验性研究，研究对象既包括教师也包括学习者在内，这样的研究存在着研究视角不够全面且研究方式偏于静态的不足之处。我们还需要进一步了解外语学习者在自然课堂中的语言形式聚焦是怎样的，这些语言形式聚焦具有哪些动态变化特征，学习者的认识、态度、语言环境等对语言形式聚焦有什么影响。因此，我们开展外语教学环境下的语言形式聚焦研究，尝试探讨中国大学英语课堂小组互动中语言形式聚焦的特征、发展变化情况及影响语言形式聚焦的因素，为我国英语课堂教学提供实际指导，让英语教师能有效地指导学习者关注语言形式，促进和提高学习者的语言学习效果。

1.1 研究背景

当今中国大学英语教学比较重视学习者运用英语进行交际的能力，交际型

---

❶ 国外学者是指罗德·埃利斯（Rod Ellis）、肖恩·洛温（Shawn Loewen）、侯赛因·纳撒吉（Hossein Nassaji）等。

语言教学在大学英语教学中普遍盛行,而在交际型语言课堂中关注语言形式(即"语言形式聚焦"[1])的教学思想最早是由迈克尔·朗(Michael Long)提出来的。语言形式聚焦是指"在以意义或交际为中心的课堂下,随着语言形式的偶然出现,学习者的注意力被明显地吸引到这些语言形式上去"[2]。语言形式聚焦的主要理论依据是"互动假说"(interaction hypotheses),语言形式聚焦的实施框架是任务型语言教学(task-based language teaching)。迈克尔·朗在1983年提出的"互动假说",认为第二语言习得过程既不是纯语言学的先天论过程,也不是纯环境理论所描述的刺激反应论过程,而是通过习得者与会话者之间的相互作用而发生,类似于儿童习得母语时成人使用的"儿童腔"(child-directed speech)的重要作用。迈克尔·朗同意斯蒂芬·克拉申(Stephen Krashen)的可理解的输入在语言习得中的必要性,但他更关注的问题是如何使"输入"成为"可理解"。他认为正是由于可改变的相互作用(modified interaction)才导致了习得的发生。

最初语言形式聚焦的研究范围仅局限于偶然性发生的、非事先设计的语言形式聚焦。后来,C. 道蒂(C. Doughty)、杰茜卡·威廉斯(Jessica Williams)及罗德·埃利斯(Rod Ellis)等拓宽了语言形式聚焦的范围。他们认为,语言形式聚焦不应局限于偶然发生,还可以包括教师在设计任务时有计划地引导学习者注意语言形式的情况。C. 道蒂和杰茜卡·威廉斯将语言形式聚焦分为两类:前摄型语言形式聚焦(proactive focus on form),即教师事先设计将某种语言形式融入教学;反应型语言形式聚焦(reactive focus on form),即教师不预设语言形式目标,而是根据学习者在交际中的需求做出反应,尤其是对学习者的语言形式错误做出反馈,通常是负面反馈。罗德·埃利斯等又增加了先导型语言形式聚焦(pre-emptive focus on form),即没有出现错误和理解困难时教师

---

[1] LONG M H. Instructed interlanguage development[C]//BEEBE L. Issues in second language acquisition:Multiple perspective. Rowley,MA:Newbury House,1988:115 – 141.
[2] LONG M H. Focus on form:A design feature in language teaching methodology[C]//DE BOT K,GINSBERG R,KRAMSCH C. Foreign language research in cross-cultural perspective. Amsterdam:John Benjamins,1991:39 – 52.

或学习者在互动中将某一语言形式作为谈话的主题。

除理论上的研究外,学者们❶还开展了大量语言形式聚焦的实证研究。这些研究通常是在实验环境下进行的实验性研究。在国外学者开展的语言形式聚焦研究中,数据来源于真实的语言课堂中的小组互动的比较少。研究者❷在对学习者进行的实验性研究中,在设计教学活动、课堂学习任务、课后任务或测试时都有意识地围绕着某一种或几种语言形式而进行。罗德·埃利斯等认为,虽然这些研究从不同的角度证明了重形式教学有助于第二语言习得过程,但是这些研究数据不是来自自然的课堂教学,研究结果具有一定的片面性,而且不一定适用于正式的课堂环境。

国内外研究者还采用量化的方式描述语言形式聚焦的类型、频率等,了解语言形式聚焦的具体特点。例如,罗德·埃利斯等在师生课堂互动的研究中发现,平均1.6分钟出现一次语言形式聚焦;罗伊·利斯特(Roy Lyster)和利拉·兰塔(Leila Ranta)在关于浸入式课堂的研究中发现,语言形式聚焦平均1.97分钟出现一次。目前国内外的描述性研究是以教师的介入、反馈方式及师生互动的课堂为主要研究范围的,研究对象除了教师以外,主要以混合学习者为主,而且主要是参加短期语言培训的二语学习者,但针对交际课堂的主体学习者的研究数量极少。然而,苏珊·赵(Susan Zhao)和约翰·比奇纳(John Bitchener)的研究结果表明,语言形式聚焦不仅仅出现在师生互动的语言环境中,也出现在生生互动的语言环境中。在班级范围内发生的互动中,教师掌控会话的内容和会话发生的时间,也就是说,由教师来引导会话和掌握会话节奏。利奥·范里尔(Leo Van Lier)认为,小组互动的形式没有这么严格,不被教师主导的课堂互动形式限制。在小组互动中,学习者能够更加自由地进行交流,有更多的机会引发讨论和提出问题。根据前人❸的研究成果,由学习

---

❶ 学者们主要有C.道蒂(C. Doughty)、E.巴雷拉(E. Varela)、艾利森·麦基(Alison Mackey)、珍妮弗·菲利普(Jenefer Philp)、麦克·朗(Mike Long)、彼得·罗宾森(Peter Robinson)等。

❷ 研究者是指R.亚当斯(R. Adams)、M.加西亚·梅奥(M. Garcia Mayo)、特雷莎·皮卡(Pica Teresa)、苏珊·加斯(Susan Gass)、金·麦克多诺(Kim Mc Donough)。

❸ 前人是指阿西亚·斯利马尼(Assia Slimani)和杰茜卡·威廉斯(Jessica Williams)。

者引发的语言形式聚焦对二语学习更为有效,因为学习者引发的语言形式聚焦意味着学习者主动参与并关注语言形式。在交际课堂中,开展小组互动活动是经常采用的课堂形式。《大学英语课程教学要求》❶提出的"听说领先"的交际性教学理念,也强调在大学英语教学中应发挥学习者的自主性及主动性。考虑到学习者引发的语言形式聚焦对二语学习的有效性,以及交际课堂应以学习者为中心的教学理念,以外语学习者为主体,来源于真实自然的课堂教学中的语言形式聚焦研究的需求愈发显得迫切和必要。

国内外的语言形式聚焦研究普遍是偏重于静态的研究。例如,罗德·埃利斯等在10个二语课堂的研究中,通过对共计12小时的课堂交际活动的观察,来探讨语言形式聚焦的领会情况。珍妮弗·菲尔普(Jenefer Philp)和苏珊·沃尔特(Susan Walter)等则是通过对为期3周、共计12小时的课堂活动的观察,来研究影响语言形式聚焦的因素。国内外对语言形式聚焦开展的研究时间跨度普遍不长。虽然侯赛因·纳撒吉(Hossein Nassaji)研究的时间跨度较长,他观察的课堂活动是二语课堂中的35节课,时间跨度为两个学期,每学期为12周,共计24周,但是他关注的是参与结构类型(全班范围内互动、小组内互动和一对一互动)对语言形式聚焦的影响,并没有探讨语言形式聚焦的发展变化情况。语言的发展是一个长期的、渐进的过程,只有共时研究和历时研究的结合才能真正了解学习者的语言形式聚焦各阶段的特征,以及语言形式聚焦的发展变化情况,但是目前的研究中历时研究还存在着严重匮乏的状况。

国外研究者还对语言形式聚焦的影响因素开展了大量的研究,研究结果表明影响语言形式聚焦的因素复杂,涵盖了各个方面,包括学习者的语言水平、任务类型、任务复杂度、课堂环境中的分组模式、参与结构类型(全班范围内互动、小组内互动和一对一互动)、学习者的年龄差异等。上述因素都对语言形式聚焦的特征及次数产生了影响,但是这些因素都是影响语言形式聚焦的外在因素。以维果茨基(Lev Vygotsky)为代表的社会文化理论流派认为,二语习得是外部因素与学习者内部诸多因素互动的结果。外部宏观的学习环境包

---

❶ 教育部高等教育司.大学英语课程教学要求[M].上海:上海外语教育出版社,2007.

括特定的社会文化环境、课堂教学文化环境及不同语言任务所提供的语言环境。学习者内部诸多因素则包括学习者的自我身份认同、学习目标设定、人际关系和互动模式。外部因素和内部因素共同作用和相互影响，造成了学习者中介语发展的差异性，因此本研究拟从社会文化的角度来探讨语言形式聚焦的影响因素。

综合上述关于语言形式聚焦研究的背景调查，本研究拟以学习者为研究对象，通过全程跟踪研究对象长达一年的语言形式聚焦的情况，将共时研究和历时研究结合起来，从而改变传统研究中研究视角不全面且研究方式偏于静态研究而动态研究不足的现状。另外，鉴于当下大学英语教学中小组互动活动的蓬勃发展，开展小组互动中的语言形式聚焦研究对教学具有实际的促进作用，因此我们将语言形式聚焦研究设置在自然课堂的小组互动中，以调查中国大学英语学习者语言形式聚焦的特征及其发展变化情况，并从社会文化的角度来探索影响语言形式聚焦的因素。

1.2 研究内容及意义

本研究是在中国大学英语课堂小组互动的真实课堂环境下，对语言形式聚焦开展的实证研究，而且采取历时研究和共时研究相结合的方法，本研究结果具有一定的实际应用价值和理论意义。

首先，从实际应用价值上来说，目前在国内外关于语言形式聚焦方面的研究中，研究者选取的样本小、历时短，所得结论无法推广到其他交际语言学习环境中。本研究选取真实课堂小组互动中的语料，样本大、历时长，拓宽了语言形式聚焦研究的范围。另外，本研究从学习者的角度出发，通过问卷调查和非结构性访谈探讨语言形式聚焦的产生情况，以及语言形式聚焦的影响因素。本研究提供了语言形式聚焦研究的新视角，研究结果为教师在课堂教学中有针对性地开展语言教学，从而提高课堂教学的有效性，提供了有益的参考。

其次，从理论贡献上来看，本研究是在认知理论的基础上，从社会文化的角度来分析语言形式聚焦的特点及其发展变化特征，并探讨影响语言形式聚焦的因素。本研究以课堂小组互动为数据源来开展历时研究，拓展了语言形式研究的深度和广度，其研究结果也会在一定程度上拓宽理论的适用性。

1.3　研究的创新点

本研究是在认知理论的基础上，从社会文化的角度对中国大学英语课堂小组互动中的语言形式聚焦进行全面、系统的探究。本研究的创新性具体体现在研究对象、研究方法及研究范围这三个方面。

第一，本研究以学习者为研究对象，不同于前人研究中以教师介入和反馈方式为主要研究对象。前人的研究中，语言形式聚焦被看作隶属于师生课堂，因此语言形式聚焦的研究常常有教师的参与。前人的研究中，语言形式聚焦的研究对象通常设置在师生之间，以班级整体的课堂教学为范围，而生生之间的语言形式聚焦则较少涉及。本研究仅选取学习者为研究对象，将研究范围划定在生生的小组互动之中。在没有教师参与的情况下，学习者以小组为单位开展互动交流，在这种语言环境下学习者可以轻松自然地使用英语进行交流，能最大限度地展示实际的语言水平。在发挥真实的语言水平的条件下，本研究可以系统全面地反映学习者产生的语言形式聚焦的实际情况。

第二，本研究是对语言形式聚焦的历时研究，研究观察周期为18周，上、下学期各9周，全面观察学习者一年中的语言形式聚焦特点及发展变化情况。这种对语言形式聚焦采取历时研究的方法，不同于国内外语言形式聚焦研究中普遍偏重静态研究的现状。前人的研究关注的是学习者语言形式聚焦的共时情况，而忽视了学习者语言形式聚焦的发展变化情况。本研究以探索学习者语言形式聚焦的发展变化为目标，开展语言形式聚焦的动态研究，研究数据来源于真实的课堂教学中的小组互动。此外，在研究周期（即上、下两个学期）中，研究对象均保持一致，且在同一小组中进行小组互动，进而观察研究对象在一年时间内语言形式聚焦的发展变化情况，通过对数据的描述统计和分析，找出语言形式聚焦发展变化的规律。本研究对语言形式聚焦采取的历时研究方法，是在前人对语言形式聚焦开展共时研究基础上的一种补充和突破。

第三，本研究拓宽了语言形式聚焦研究的范围。在国外学者开展的语言形式聚焦研究中，数据来源于真实语言课堂中小组互动的比较少。杰茜卡·威廉斯认为，在为数不多的无研究者干预的小组互动研究中，在外语环境下开展的语言形式聚焦研究比较少见。而在中国，英语学习是作为一门外语，学习对象数量众多，涵盖小学、中学和大学阶段。本研究的对象和数据均来自真实的自然课堂，非实验环境，因此研究结果具有代表性，能够反映目前中国大学英语课堂中学习者语言形式聚焦方面的真实状态，研究结果可以为中国数量庞大的大学英语教师提供有益的借鉴和参考。

第 2 章 文献综述

自 20 世纪 80 年代以来，语言形式聚焦一直是二语习得领域研究者们关注的热点。经过 30 多年的发展，目前国外已有大量的研究成果发表；国内的语言形式聚焦研究起步较晚，研究成果数量有限。本章将首先系统介绍语言形式聚焦产生的背景、理论依据，回顾语言形式聚焦的发展历史，介绍国内外语言形式聚焦实证研究的现状，然后对国内外课堂小组互动研究进行综述，并对国内外课堂小组互动中的语言形式聚焦研究现状进行概述和评析，从而厘清本研究的理论基础、切入点和必要性。

2.1 语言形式聚焦研究

2.1.1 语言形式聚焦产生的背景

语言形式聚焦的产生是以二语习得领域关于形式教学之争为背景的。形式教学之争的前提是形式教学在语言教学中是不可或缺的，争论的焦点在于形式教学是采取显性的还是隐性的方式来实现。然而，显性的形式教学和隐性的形式教学各有利弊，无法证明哪种方法更为有效。此后，二语习得研究者借鉴了第一语言习得的研究成果，并将第一语言习得的研究成果纳入二语习得研究。二语习得研究者开始关注二语学习者是如何在自然环境下习得第二语言的。他们发现二语学习者的语言习得也遵循自然的习得顺序，如对某些语法现象的习得也存在一定的先后次序。根据此研究结果，许多二语习得研究者开始质疑形式教学在语言教学中的作用。例如，斯蒂芬·克拉申认为，传授语法知识和纠正学习者的语言错误对学习者的中介语系统无法产生影响，语法学习是学习者从可理解的输入中无意识习得的结果，如果语言材料难度过大，或者仅包括学习者已经掌握的语言知识，这样的语言材料对语言习得都没有意义。语言输入的作用就是要激活学习者大脑中的语言习得机制，而适当的可理解的语言输入是激活的前提条件。斯蒂芬·克拉申认为，语言能力（如口语）不是教出来的，而是随着时间的推移接触大量的可理解的语料后自然习得的。同样道理，学习者也能自然习得必要的语法。可见，可理解的语言输入是习得语言的关键，教师的最大职责就是让学习者接触尽可能多的可理解的语料。在此观点的影响下，形式教学一度被语言课堂摒弃，浸入式教学法和自然教学法普遍盛行。然而不同教学法下的教学效果的比较研究结果表明：第一，就学习的速度而言，接受形式教学的学习者比没有接受形式教学的学习者的学习速度更快，而且语言的水平也提高得更多。这个结果表明形式教学比非形式教学更为有效，而且更能促进语言习得。第二，就习得顺序而言，接受形式教学的学习者和没有接受形式教学的学习者的习得顺序完全一致。这个结果表明形式教学无法改变学习者的习得顺序。近十几年来，语言教学的教学理念发生了很大的变化，学者们认为二语习得无法完全复制一语习得中的自然习得规律，将学习者仅置身于目标语的语言环境中是不够的，自然习得过程和浸入式教学研究结果也证明了这一点。自然习得过程和浸入式教学的研究结果表明，如果二语学习仅以交际为目的，即使学习者被提供了足够的可理解的输入和交际机会，许多语法形式也还是无法被学习者习得，因为某些语法形式具有不可学性。此外，学习者的语言的准确性也差强人意。由于缺少足够的错误纠正和显性的教学指导，学习者早期的错误得不到及时的注意和纠正，甚至会出现中介语的石化现象。在这种背景下，研究者们重新开始重视语言教学中的形式教学，在自然习得和形式教学之间，研究者们提出形式教学是有助于语言习得的，但是必须将形式教学和自然习得有机结合起来，才能发挥它的积极作用。开展形式教学的目的是促进习得过程，而不是改变习得过程。受此思想的影响，迈克尔·朗提出了一种新的教学方法，即重形式教学。重形式教学融合了二语习得、心理语言学及其他相关学科的研究成果，它是以任务大纲为依托的。重形式教学不同于传统的语法教学法中只关注形式，也不是全形式教学法和全意义教学法的简单的折中，能够使学习者均衡地提高语言表达的准确性、流利性和复杂性。语言形式聚焦就是重形式教学理念中的一个重要概念。

2.1.2 语言形式聚焦的理论基础

语言形式聚焦的理论基础是认知理论中的"互动假说""注意假说"和"输入加工理论"。这些理论既强调了互动在语言学习中具有重要的作用，又强调了注意、输入和语言内部的认知处理机制的重要性。互动包括意义协商和形式协商，给学习者提供接触输入的机会，而且能够引导学习者将注意力集中到某种或某几种具体的语言形式上。具体来说，互动不仅提供了语言输入，还能够激发学习者在语言习得中的认知过程，即负责注意、重构和复述已有知识体系的认知体制对语言输入进行加工和处理。互动过程中的意义协商和形式协商也给学习者提供修正自身语言并产生语言输出的机会，这都为语言习得创造了条件。

以下我们将逐一具体阐述互动假说、注意假说和输入加工理论产生的背景、主要观点及其和语言形式聚焦之间的关联。

1. 互动假说

迈克尔·朗提出了著名的互动假说。该假说认为，习得是学习者与其他人（特别是语言水平高于自己的人）的互动产生的结果，只有学习者在互动过程中遇到了理解的困难，而且就出现的问题进行意义协商时，在以意义交流为中心的交际环境中才会出现形式注意。互动假说是在斯蒂芬·克拉申提出的输入假说的基础上产生的。斯蒂芬·克拉申认为，产生习得需要有一些前提条件：

首先学习者要有机会接触足够多的可理解的输入，而且这种语言输入要略高于学习者现有的语言水平；其次学习者还需要把注意力集中在对意义而不是对形式的理解上。这就是著名的 i+1 公式，其中 i 是指学习者现有的语言水平，1 是指略高于学习者现有语言水平的语言材料。然而需要说明的是，可理解的输入只是语言习得的必要条件并非充分条件，学习者只有将语言输入变为语言摄入，才会产生语言习得，而摄入受学习者的心理准备程度的影响。输入假说强调，可理解的输入会引起语言习得，但是无法保证习得的必然发生。同样，输入假说也无法解答"如何使输入可理解"的问题。输入假说的主要观点是第二语言的学习应该遵循自然习得的规律，无须关注语言形式。斯蒂芬·克拉申的输入假说受到了学者们的普遍质疑，以浸入式教学为例，浸入式教学理念与输入假说密切相关，但是浸入式教学的效果令人担忧。虽然在浸入式课堂教学中教师给学习者提供了大量的可理解的输入和交际机会，学习者的语言表达流利程度接近母语使用者，但是学习者的语言表达的准确性和复杂性却差强人意。研究者们就"如何使语言输入成为可理解的语言输入"及"可理解的语言输入是否是语言习得的充分条件"展开了广泛的调查，同时就可理解的输入的特征进行了深入的调查。为了区分学习者的修正性对话和对会话本身的结构性修正，迈克尔·朗提出了修正性互动和修正性输入，这就是著名的互动假说。该假说虽然仍强调可理解的输入的重要性，但是其核心观点是意义协商促进学习，通过意义协商，学习者能够把正确的形式映射到他们希望表达的意义中。而学习者之所以可以做到这一点，是因为意义协商为学习者提供了认知对比的机会，能够有机会找出自己使用的错误语言形式和目的语语言形式之间的区别。通过互动过程中的意义协商，即使输入包含了学习者没有掌握的单词、表达或者语法知识，它们也变得易于理解。此外，互动还可以引导学习者通过重铸等手段对自己或他人表达中的错误做出负面反馈。这种负面反馈可以让学习者注意到输入和输出之间的差距，从而引导他们关注语言形式。互动假说的核心观点是"意义协商"，这也是语言形式聚焦概念产生初期的核心思想。语言形式聚焦发生的场景就是在以意义交流为主要目的的课堂环境中，通过学习者与教师之间或者学习者与学习者之间的互动交流，注意力偶然会被引到语言形式上。互动假说为语言形式聚焦研究提供了良好的理论基础和实践方式。

2. 注意假说

语言形式聚焦的另一个重要的理论基础就是认知心理学中的"注意假说"。认知心理学家认为，任何形式的学习都不可缺少注意，在二语习得领域，当语言输入进入头脑加工这种深层次的过程中时，注意就起着不可或缺的作用。注意假说是由R. 施密德（R. Schmidt）提出的，他认为习得某个语言形式的前提条件就是学习者有意识地注意到这个语言形式，并且理解这个语言形式在输入中的具体含义。不可否认的是注意并不一定能保证习得，但是注意是输入转为吸收的充分条件和必要条件。其他学者也对注意的重要性进行了阐述，如N. 考恩（N. Cowan）提出了"记忆模型"一说，他认为注意隶属于意识范畴，而短时记忆中的注意就是一种有意识的察觉并保持这种意识的状态，通过注意和复述来完成对信息的编码和控制，这样就可以促进信息贮存在长时记忆中。比尔·范巴滕（Bill Van Patten）提出，学习者特别是初学者的语言加工能力有限，在以意义交流为中心的交际课堂中他们很难同时关注语言形式和意义，为了达到交流的目的，往往采取猜测等策略来保证交流的顺利进行。为了帮助学习者将注意力聚焦到语言形式上，有必要采取一定的干预措施。苏珊·加斯（Susan Gass）也提出了"注意"的重要性，他认为只有学习者注意到自己的中介语和目的语之间的差异，才能有意识地修正自己的中介语。在心理语言学研究中，彼得·罗宾森（Peter Robinson）提出了注意理论，该理论将注意进行了分解，注意包括短时记忆中有意识地察觉到所学语言的特征、发现"别人怎么说"与"自己怎么说"，或者"自己不会说的东西，别人是怎么说的"之间的差距或漏洞，以及将新注意到的语言形式通过复述进入长时记忆便于以后的使用。

上述研究者都对注意的重要性进行了诸多阐释，但是不可置疑的是，"注意"一词是认知心理学和二语习得领域里一个颇具争议性的术语。虽然"注意"的本质和作用在二语习得领域还有广泛的争议，"注意"的实际作用还没有论断,但是学者们普遍认可二语学习中需要一定程度的"注意"来提高语言的准确性。语言形式聚焦正是在以交际为中心的语言活动中对语言形式的"注意",只有将对语言形式的"注意"融入以意义交流为目的的社会环境,"注意"才最为有效。根据如上分析,注意假说之所以奠定了语言形式聚焦的理论基础是因为"聚焦"的含义其实就是"注意的转移",而"语言形式聚焦"其实就是"将注意力转移到语言形式上去"。

3. 输入加工理论

在注意假说的基础上,比尔·范巴滕提出了输入加工理论。该理论认为,二语习得过程由四个步骤构成,分别是输入、吸收、发展的系统和输出。二语习得过程还包括三个心理加工过程,分别是输入加工、系统变化和输出加工。输入加工理论是比尔·范巴滕对二语习得过程的一个完整构想,这个构想不但包括输入过程,还包括输出过程。具体来说,在二语习得过程中,学习者首先接触到输入,然后由于学习者对输入的注意,就有可能在形式与意义之间建立联结。然而为了实现形式与意义之间的联结,仅有注意是不够的,学习者还需要对输入进行整合加工,整合加工的前提条件是学习者能理解输入的语言形式所附带的意义。最后,学习者将已经融入发展的系统中的语言材料进行输出,即输出加工。输入加工理论中的每个过程都包括重要的心理运行机制:输入加工过程包括形式与意义之间的联结和对句法的理解;系统变化过程包括在原有语言知识体系基础上的吸收和重构;输出加工过程包括词汇掌握和产出策略。从上述分析我们可以得出,输入加工理论重视语言形式和意义建立联结的初始阶段,这个阶段也就是将输入转变为吸收的加工过程。输入加工理论融合了语言习得过程(如吸收与重构)及心理加工机制,不但分析了语言习得的步骤和过程,还反映了心理加工机制的重要作用。输入加工理论既全面地阐述了习得系统,还分析了习得过程的动态变化及其原因。

比尔·范巴滕等在输入加工理论的基础上,提出了输入加工教学法,但是输入加工理论中的语言输入和输入加工并不能保证学习者流利地使用语言。为了帮助学习者在输入加工过程中建立并加强正确的形式与意义之间的联结,必须通过以意义交流为主要目的的语言练习。而语言形式与意义的联结也正是语言形式聚焦中的一个重要思想，正是在课堂教学环境中通过以意义交流为主要目的的课堂活动练习，学习者能够有机会在语言形式与意义之间建立联结。一方面对语言形式的聚焦是为了增强对意义的理解；另一方面以意义的理解为主要目的也促进了学习者对语言形式的聚焦。

迈克尔·朗在继承和吸收了以上各理论的重要思想后，提出只有在以意义交流为中心的交际课堂中，语言形式聚焦中对形式的注意才能发挥最大的效用。迈克尔·朗提倡"兼顾意义交流和语言形式的教学法"[1]，即在关注意义交际的课堂中，学习者的注意力被引导到偶然出现的语言形式上，语言输入最好发生在课堂互动中，语言输入应和因交际需要偶尔引发对语言形式的注意相结合。还有学者从认知角度阐释了语言形式聚焦的观点，如 C. 道蒂认为"聚焦"（focus），即认知研究中的"选择性注意"，是语言形式聚焦的关键概念。在一个认知事件中，让学习者"注意"同时聚焦语言的形式、意义与使用，就形成了一种"联合处理"（joint processing）模式，而这种"联合处理"模式既有利于语言学习过程中形式、意义和使用之间的认知匹配，也能保障语言学习的进程。从上我们可以看出，语言形式聚焦的重要意义就在于将课堂教学中的教学干预与语言学习加工相融合，形成了一个不可分割的整体。

2.1.3 语言形式聚焦的历史发展过程

"语言形式聚焦"这一术语是由迈克尔·朗最先提出的，他认为"语言形式聚焦是二语教学中一个重要特色，因为很明显，它给学习者提供了课内外语言输入"[2]。在近 30 年的时间里，随着二语习得理论的不断发展，包括迈克

---

[1] LONG M H. Focus on form: A design feature in language teaching methodology[C]//DE BOT K, GINSBERG R, KRAMSCH C. Foreign language research in cross-cultural perspective. Amsterdam: John Benjamins, 1991:39-52.

[2] LONG M H. Instructed interlanguage development[C]//BEEBE L. Issues in second language acquisition: Multiple perspective. Rowley, MA: Newbury House, 1988:115-141.

尔·朗本人在内的许多研究者，对这个概念的定义、特点和类型不断进行了调整和改进。为了了解不同阶段语言形式聚焦概念的发展变化情况，本研究将语言形式聚焦的发展过程大致分为三个阶段，分别是初始阶段、发展阶段和完善阶段。

1. 语言形式聚焦的初始阶段

语言形式聚焦的最初定义是由迈克尔·朗提出的，他认为语言形式聚焦就是在以意义或交际为中心的课堂中，随着语言形式的偶然出现，学习者的注意力被明显地吸引到这些语言形式上。迈克尔·朗通过区分语言形式聚焦、全形式聚焦和全意义聚焦来详细阐释语言形式聚焦的含义。他认为，语言形式聚焦的前提条件是在以意义交流为中心的语言环境中，只是偶尔将注意力转移到语言形式上，其核心思想是教学干预与语言学习加工是不可分割的统一体。而全形式聚焦是指以语言形式为教学大纲，教学内容以操练语言结构为主，如传统的语言教学法中的语法教学法。而全意义聚焦是指教师避免外显的语法教学，在教学过程中提供给学习者大量的正面语句和语言表达的机会，提倡交际过程中以意义理解和表达为核心，忽视传递信息的语言形式，如语言教学法中的自然法和浸入式教学法。上述三者之间的区别也表现在语言形式聚焦是在交际环境中关注语言形式，全语言形式聚焦只关注语言形式，全意义聚焦只关注意义交流，忽略语言形式。罗德·埃利斯总结了迈克尔·朗关于全语言形式聚焦、全意义聚焦和语言形式聚焦的观点（见表2.1）。

迈克尔·朗最初对语言形式聚焦的定义偏重理论探讨，不具备较强的操作性，没有提出具体的建议来指导如何将语言形式聚焦应用于课堂教学。后来，他将这个概念进行了细化，并给出了便于课堂操作的定义："语言形式聚焦是指注意资源是如何分配的。注意有不同的程度，关注形式的注意资源与关注意义的注意资源并不总是互相排斥的。在聚焦语言形式的课堂中经常会出现老师和（或）一个或多个学习者把注意力偶然转向语言形式的特点，这种注意是由理解或语言产出中的问题所引发的，没有这一特点的语言课堂就是纯粹以意义为中心的。"❶ 在上述定义中,虽然迈克尔·朗将语言形式聚焦的范围由"学习者"扩大到"老师和(或)一个或多个学习者",由仅关注"语言形式"扩大到兼顾"语言形式和语言产出",但是仍将语言形式聚焦局限在"偶然发生的反应型形式聚焦"范围内,而且在此阶段将语言形式聚焦看作交际课堂中以意义交流为前提的一种形式教学方法,是和全形式教学法和全意义教学法相区别的教学法。

综上所述,在语言形式聚焦的初始阶段,其重要贡献在于该概念的首次提出,并区分了其与传统全形式聚焦与全意义聚焦之间的差异。这些都给二语教学研究领域带来了全新的视角和方法。

表2.1 迈克尔·朗关于三种不同教学法的观点❷

全语言形式聚焦	全意义聚焦	语言形式聚焦
没有需求分析	通常没有需求分析	学习者的语言目标是任务型教学大纲设立的基础
不是真实的语言模式	年长的学习者无法在自然状态下完习得二语,因此年长的学习者无法达到二语的高水平阶段	在学习者没有察觉的情况下,将注意力吸引到语言形式上
忽视了新单词和新规则的学习过程是一个缓慢、循序渐进的过程	长时间浸入二语环境中并不能保证学习者掌握非显著性的语言形式	认可二语习得是一个缓慢、循序渐进的过程
没有认识到语法的学习受学习者学习能力的影响	学习者需要反面的例证,因为正面的例证不足以保证某些语法现象的学习	尊重学习者的内在大纲的存在

---

❶ LONG M H, ROBINSON P. Focus on form:Theory, research and practice[C]//DOUGHTY C, WILLIAMS J. Focus on form in classroom second language acquisition. Cambridge:Cambridge University Press,1998:15-41.
❷ ELLIS R. Anniversary article focus on form:A critical review[J]. Language Teaching Research,2016,20(3):405-428.

续表

全语言形式聚焦	全意义聚焦	语言形式聚焦
课堂效果乏味	无效率,语言学习进程缓慢	学习者在交流过程中遇到问题时会做出反应,学习者可以自行掌控学习过程
导致学习方法错误的初学者比完成者更多	增强二语使用时的信心和流利程度,但是语言的准确性有限	有助于提高语言功能形式匹配能力,同时提高语言的流利性和准确性

2. 语言形式聚焦的发展阶段

在语言形式聚焦的发展阶段,学者们承续了迈克尔·朗关于语言形式聚焦的某些观点,但也提出了新的改进。罗德·埃利斯等针对课堂教学,总结了语言形式聚焦的五大特点:①语言形式聚焦在交际互动中发生,是可观察的行为;②课堂上,师生的注意力都聚焦在语言的交际运用上,而不是讲授或学习有关的语言形式;③课堂上以交际意义为中心,但师生有时会选择或需要关注某些语言形式,也就是说语言形式聚焦是在无准备的情况下偶然发生的;④语言形式聚焦的发生必须是偶然性的、短暂的;⑤所关注的语言形式是广泛的,即在完成一项交际任务时许多不同的语言形式受到关注,而非某个单一的语言形式。以上五个特点中,第一个特点与迈克尔·朗的主张不完全符合,因为迈克尔·朗认为语言形式聚焦有两个含义:第一个含义是可以用来描写可观察的外在行为;第二个含义是指可观察外在行为的结果,即学习者头脑中的内在状态。对于第一个含义,学者们已进行了大量的相关研究。而对于第二个含义,或许由于无法直接观察,不便操作,目前还未引起研究者的重视。罗德·埃利斯提出的第三个特点虽与迈克尔·朗的观点一致,但不同的学者有不同的看法。不少研究者并不赞同这一观点,在他们开展的语言形式聚焦研究中,通常选择事先已选定的、有准备的语言形式作为聚焦目标。

还有其他学者扩大了语言形式聚焦研究的范围,他们认为语言形式聚焦的研究范围不应局限于偶然发生的语言形式,语言形式聚焦可以包括反应型语言形式聚焦(reactive focus on form)和前摄型语言形式聚焦(proactive focus on form)。前者是教师不预设形式目标，而是根据学习者在交际中的需求做出反应，尤其是对学习者的语言形式错误做出反馈，通常是负面反馈；后者是教师事先设计将某种语言形式融入教学，有计划地引导学习者注意语言的形式。罗德·埃利斯等起初也主张语言形式聚焦必须是在无准备的情况下偶然发生的，将语言形式聚焦分为会话式的（conversational）与说教式的（didactic）。会话式语言形式聚焦，即"意义协商"，是指被引起注意的语言形式所表达的意义引发了交际中断；说教式语言形式聚焦，即"形式协商"，是指被引起注意的语言形式所表达的意义并未引发交际中断，只是单纯地需要注意这些形式。他认为，有准备的语言形式聚焦与无准备的语言形式聚焦虽然都发生在以意义交流为中心的交际课堂中，但语言形式的关注数量与强度却大不一样。前者仅关注一个或有限的几个语言形式，教学处理强度较大；后者可以关注多个，但教学处理强度较弱。两类语言形式聚焦无论在理论上还是在教学中都有很大的差异，把有准备的情况归到语言形式聚焦是为了开展实验性研究，因为无准备情况下的语言形式聚焦是无法开展此类研究的，只能做描写性研究。罗德·埃利斯后来对语言形式聚焦的分类更加全面，将语言形式聚焦分为有准备型语言形式聚焦与偶然型语言形式聚焦。有准备型语言形式聚焦范围集中，经常以某一种语言形式为目标；偶然型语言形式聚焦范围广泛，没有主要的目标，在以意义交流为主的活动中以各种语言形式为目标。有准备型语言形式聚焦与C.道蒂和杰茜卡·威廉斯提出的前摄型语言形式聚焦类似，教师对要关注的语言形式有所准备；偶然型语言形式聚焦在无准备的情况下发生，可分为先导型语言形式聚焦与反应型语言形式聚焦，前者指在无准备的情况下，即使并无错误发生，教师或学习者暂时脱离交际活动，把注意力集中到某个可能会引发问题的语言形式上，后者与C.道蒂和杰茜卡·威廉斯提出的反应型语言形式聚焦相同，都是在无准备的情况下，教师（有时也会是其他学习者）对交际活动中学习者存在的语言形式问题做出及时反馈。从反馈明显程度看，反应型语言形式聚焦可分为隐性型语言形式聚焦与显性型语言形式聚焦。隐性型语言形式聚焦是指学习者运用语言出现错误后，教师不直接指明错误或作元语言解释,而是用重铸、澄清、反复、确认等隐性手段引导学习者注意出错的语言形式;显性型语言形式聚焦是指学习者运用语言出现错误之后,教师直接指明并(或)作元语言分析。迈克尔·朗最初也认为,语言形式聚焦必须在无准备的情况下发生,它源自修补交际失败的需要,而不是对一般语言形式的关注,但后来他不再严格坚持这一看法。在他看来,课堂上需要开展语言形式聚焦活动时,也可以采用事先准备好的含有大量特定语法结构或词汇的交际活动。在语言形式聚焦的发展阶段,罗德·埃利斯对语言形式聚焦的分类见图2.1。

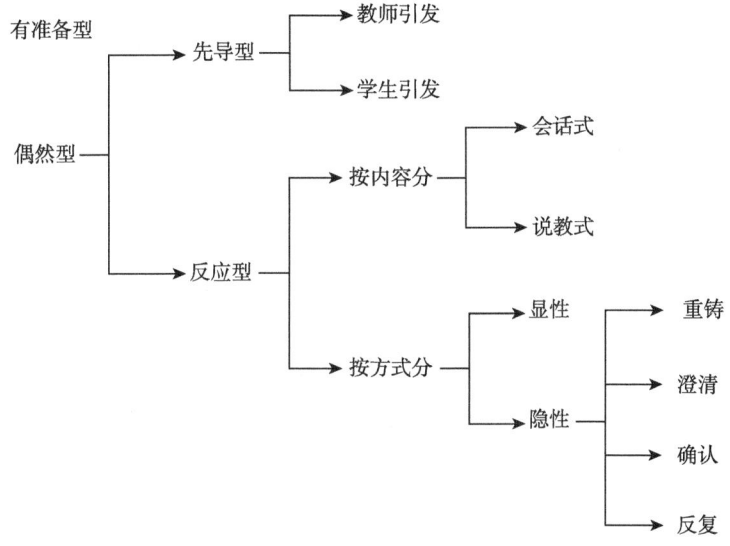

图2.1 罗德·埃利斯对语言形式聚焦的分类❶

综上所述,在语言形式聚焦的发展阶段,最大的转变就是扩大了语言形式聚焦的研究范围,即语言形式聚焦既包括偶然型的语言形式聚焦,也包括有准备型的语言形式聚焦。与语言形式聚焦的初始阶段相比,本阶段语言形式聚焦的研究范围更加全面和完整。

---

❶ ELLIS R,BASTURKMEN H,LOEWEN S. Doing focus-on-form[J]. System,2002,30(4):419-432.

3. 语言形式聚焦的完善阶段

在语言形式聚焦的完善阶段,迈克尔·朗再次将语言形式聚焦的定义调整为"语言形式聚焦是指在任务型教学过程中,特别是学习者在解决问题时,为了将学习者的注意力吸引到交流过程中出现的语言问题中来,而相应采取的各种教学步骤。它的目的是为了提高学习者对语言形式的注意与学习者内在大纲、发展阶段、加工能力保持一致性的可能性"[1]。根据迈克尔·朗对语言形式聚焦定义的调整,罗德·埃利斯提出,迈克尔·朗关于语言形式聚焦的核心思想没有改变,即对语言形式的注意应该和学习者的二语习得方法保持一致。虽然迈克尔·朗仍然坚持认为聚焦应该是反应型的、简短的,但是从上述定义可以看出语言形式聚焦不再被当作一种教学方法,或是一种互动现象,而是一系列教学步骤。后来,迈克尔·朗还提出有计划的学习可以作为偶然性学习的补充,这样可以建立或者加快建立形式与意义之间的关联。对于迈克尔·朗的这个观点,罗德·埃利斯认为迈克尔·朗关于语言形式聚焦覆盖的范围有了进一步扩大,语言形式聚焦不一定是隐性的,也可以是显性的,而且显然语言形式聚焦所包含的意思已经超出了意义协商的范畴。

罗德·埃利斯对语言形式聚焦进行了归纳总结,认为语言形式聚焦出现在以意义为主的语言活动中,学习者在语言交际活动中尝试将注意力转向语言形式,因此语言形式聚焦是在交际环境中为了将注意力隐性地或者显性地引到与学习者的问题相关的语言形式上,是教师或者学习者采取的一系列教学步骤,而不是一种教学方法。语言形式聚焦可以是事先有准备的、提前预备好的语言形式,也可以是偶然发生的,用来解决学习者在以意义交流为主的过程中产生的交流问题或者语言问题。语言形式聚焦包括交互性和非交互性,包括语言产出和语言输入。语言形式聚焦体现在隐性和显性的教学方法中,可以产生在交际任务完成之前或之后。从上述内容可以看出,罗德·埃利斯对语言形式聚焦做出了进一步调整,其对语言形式聚焦的详细分类见图2.2。

---

[1] LONG M H. Second language acquisition and task-based language teaching[M]. Malden, MA: Wiley Blackwell, 2015.

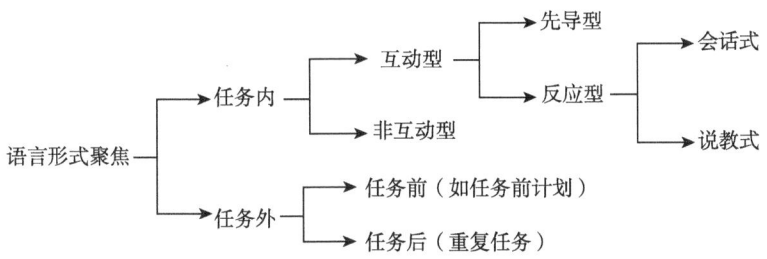

图 2.2 语言形式聚焦的分类❶

综上所述,在语言形式聚焦的完善阶段,和前两个阶段相比,学者们对语言形式聚焦概念的研究范围做出了更大的调整,范围不仅局限在课堂教学,还延伸到课前和课后的学习任务中,而且在课堂任务内,不仅包括互动型,还包括非互动型。在语言形式聚焦的完善阶段,另一个重大的变化就是学者们不再将语言形式聚焦当作一种教学方法,而是一系列教学策略。

总而言之,从上述语言形式聚焦的初始阶段、发展阶段和完善阶段的发展变化中,我们可以看出语言形式聚焦的概念从提出到现在,在近 30 年时间里随着二语习得领域的发展,语言形式聚焦研究也在不断发展变化。首先,语言形式聚焦从最初的仅包括偶然型语言形式聚焦,发展到既包括偶然型语言形式聚焦,也包括有准备型语言形式聚焦;其次,语言形式聚焦从课堂内的语言形式聚焦,延伸到既包括课堂内,也包括课堂外的语言形式聚焦。另外,就课堂上的语言形式聚焦而言,从课堂内的互动型语言形式聚焦扩展到包括课堂内的非互动型语言形式聚焦(如课堂上学习者的个人写作任务等)。从以上语言形式聚焦的发展变化中我们可以看出,二语习得领域的发展也使得语言形式聚焦的概念在广度和深度上得到了不断扩展和完善。

---

❶ ELLIS R. Anniversary article focus on form: A critical review[J]. Language Teaching Research,2016,20(3):405-428.

2.1.4 语言形式聚焦的实证研究

1. 国外语言形式聚焦实证研究现状

国外研究者开展了大量语言形式聚焦方面的实证研究。首先,学者们的研究成果表明,从总体上来说,语言形式聚焦对二语课堂的语言学习有着积极的影响。学者们认为,语言形式聚焦是在二语教学过程中语言形式和意义之间的一种平衡,是促进学习者的中介语发展的一种有效手段。语言形式聚焦集中诠释了语言学、心理语言学和认知语言学等领域中关于语言学习过程的新观点,这种新观点对二语习得、教学法、教材编写、教学大纲设计等方面都产生了重要的影响。

学者们还开展了大量的语言形式聚焦的描述性研究,通过描述语言形式聚焦的类型、频率等了解语言形式聚焦的具体特点。例如,在有准备型的语言形式聚焦研究方面,有的学者关注"过去时"的语言形式,有的学者关注"英语疑问句的组成"的语言形式,还有学者关注"日语中形容词的顺序及位置、西班牙语中直接宾语的主题化和副词的位置"。上述有准备型语言形式聚焦的研究一般都是针对某一种语言形式,教师或研究者在设计教学活动、课堂学习任务、课后任务或测试时,都有意识地围绕着这种语言形式进行。在偶然型语言形式聚焦的研究中,由于偶然型语言形式聚焦产生的多样性和不可预期性,因此研究者无法预先对某一种特定的语言形式进行设计。偶然型语言形式聚焦研究多是在一种或两种语言环境下研究多种语言形式聚焦的特征及分布情况。例如,罗德·埃利斯等比较了新西兰语言学校的两个班级的语言形式聚焦情况发现,在12小时的课堂互动录音中共有448个语言形式聚焦片段,在师生的课堂互动中平均每1.6分钟出现一次语言形式聚焦片段,而且先导型语言形式聚焦和反应型语言形式聚焦各占一半,其中学习者引发的先导型语言形式聚焦比教师引发的数量要多。学习者引发的先导型语言形式聚焦,大部分是因为交流和理解的需要,主动向教师询问所需要的语言形式。研究结果还发现,两个班级之间的语言形式聚焦片段的频率没有显著差异。罗伊·利斯特和利拉·兰塔对加拿大的 4 个法语浸入式课堂开展了研究,发现语言形式聚焦片段平均 1.97 分钟出现一次,学习者产生的 62% 的语言错误得到了教师的反馈,不同教师纠正学习者错误的比例从 49% 到 67% 不等。在上述研究中我们发现,研究者通常将研究范围设置在以班级为单位的整体课堂教学中,对全体师生的语言形式聚焦的特点进行分析,教师也作为研究中重要的语言形式聚焦的参与者。教师的教学目标的定位、教学理念,甚至教学风格都直接或间接地影响着学习者课堂活动中语言形式聚焦产生的情况。但是,如果排除教师的个人因素对学习者语言形式聚焦的影响,那么语言课堂学习的主体——学习者在自然状态下语言形式聚焦的情况究竟如何,我们不得而知,因为很少有研究者将注意力完全集中在语言课堂的主体,即学习者身上。在极少数专门进行学习者语言形式聚焦的研究中,杰茜卡·威廉斯的研究对象是来自 4 个不同语言水平班级的 8 名学习者,研究数据是时长为 65 小时的课堂录音,其研究结果表明,高水平的学习者产生的语言相关片段更多,同水平的学习者产生的语言相关片段几乎相同。但是,此研究的研究对象仅有 8 名,数据偏小,数据时间跨度短,且每个水平的研究对象仅有两名,其研究结果并不能全面客观地反映学习者的语言形式聚焦的整体情况及发展变化情况。

  除对语言形式聚焦进行的描述性研究外,学者们还研究了影响语言形式聚焦的各种因素,包括语言学习目标、学习者的语言发展能力、反馈的清晰度、学习者的个性特点等。这些研究大多是从认知理论的视角下开展的研究。比如,在语言形式聚焦和语言学习目标方面,罗伊·利斯特等发现,在学习英语过去时的规则变化时诱导策略比重铸策略更加有效,而在学习过去时的不规则变化时两个策略的影响作用相似。艾利森·麦基(Alison Mackey)等的研究结果表明,在采用重铸策略时与形态句法方面的错误相比,学习者更能有效纠正句法和词汇方面的错误。在语言形式聚焦和学习者的语言发展能力方面,艾利森·麦基和珍妮弗·菲利普发现,重铸策略对语言发展能力高的学习者比对语言发展能力低的学习者更为有效。另外,肖恩·洛温、珍妮弗·菲利普及侯赛因·纳撒吉还发现，重铸和诱导的作用与反馈的清晰度相关，清晰度越高越有效。学习者的个性特点包括学习者的记忆力、焦虑程度、学习能力，这些因素都对语言形式聚焦的有效性产生影响。比如，艾利森·麦基等发现，从长期效果来看，重铸策略对记忆力好的学习者更为有利。英姬希恩（Younghee Sheen）的调查结果表明，在英语冠词的学习中，语言焦虑对重铸策略产生了影响；焦虑程度低的学习者比焦虑程度高的学习者更加受益于重铸策略。P. 特罗菲莫维奇（P. Trofimovich）等也认为，使用重铸策略后学习者产生的语言目标的准确性与学习者的个人特点有关，包括注意力的控制和分析能力。

上述研究通常都是采用量化的方式，从研究者的角度来衡量各种主客观因素对语言形式聚焦的影响，而不是从课堂学习的主体（即学习者）的角度来考虑语言形式聚焦的影响因素。有些学者已经证实，在完成某项任务时学习者表现出的变化主要是因为学习者自身对任务的定位或对同伴的定位而引起的。这说明，学习者会根据自己的需求和目标对活动进行定位，所以将学习者的视角作为研究的出发点是非常重要的。除此以外，上述研究均是从认知角度对语言形式聚焦进行的定量研究，很少从社会文化角度探讨影响语言形式聚焦的因素。社会文化理论流派是以维果茨基为代表的，他认为二语习得是外部宏观的学习环境因素与学习者内部诸多因素互动的结果。外部宏观的学习环境包括特定的社会文化环境、课堂教学文化环境及不同语言任务所提供的语言环境；学习者内部诸多因素则包括学习者的自我身份认同、学习目标设定、人际关系和互动模式。外部因素和内部因素共同作用和影响造成了学习者中介语发展的差异性。本研究以真实的课堂环境中的小组互动为研究语料，通过分析学习者产生的语言形式聚焦的特征及其发展规律，从社会文化的角度来探讨语言形式聚焦的特征及其发展规律的原因，以及语言形式聚焦的影响因素。

2. 国内语言形式聚焦实证研究现状

国内关于语言形式聚焦的研究极为匮乏，且大部分语言形式聚焦方面的研究都集中在对国外语言形式聚焦研究的综述方面，也有个别研究调查高校教师对语言形式聚焦这种教学理念的认可度。在实证研究方面，国内的研究成果也寥寥无几。蔡植瑜研究英语专业课堂上师生互动中的语言形式聚焦现状。该研究是就时长为 257 分钟的课堂录像而开展的一项描述性研究，由于所收集的样本偏小，因此其研究结果不适宜推广到其他语言交际课堂环境中。田丽丽通过比较语言形式教学与全意义教学对二语接受型词汇学习成绩的不同影响，探讨了形式教学对词汇学习的作用。研究结果表明，形式教学组的成绩明显优于全意义教学组。邹慧民的研究内容是学习者的交际互动语料。该研究结果表明，由学习者自我引发的语言形式关注的频率较高，学习者对话语和形态——句法层面的问题比较敏感，语言形式关注不受学习者的语言水平的影响，而受学习者显性的语言知识的影响。但是，该研究语料仅包含 219 分钟的录音，共 25305 个字的原始材料，语料总量偏小，有一定的局限性。李茜研究的是录音转写对英语学习者口语输出的影响。该实验性研究着眼于学习者的语言形式聚焦，比较单独进行的转写活动和成对进行的转写活动及任务类型，频次对其口语句法复杂度、准确度及词汇表现等方面的影响。该研究仅包括研究对象的四次学习任务，语料规模也整体偏小。王蓓蕾研究了中国大学英语课堂上学习者完成展示任务后，展示组与其他学习者之间的问答活动时的语言形式聚焦特征。研究结果证实，学习者在自然交流时会关注词汇、语法和发音等语言形式，具有较强的自我纠错意识，能纠正大部分的语言问题。但该研究的录音时长共约 70 分钟，研究样本偏小，研究结果具有局限性。

综上所述，国内的语言形式聚焦研究主要是初步的描述性研究，但是这些研究普遍存在语料规模小、时间跨度短等不足之处，研究结果有一定的局限性。此外，这些研究大多以整个交际课堂作为研究的数据来源，教师和学习者均被视为研究对象纳入了研究范围。何莲珍和王敏认为，语言形式聚焦研究应该主要反映交际课堂中学习者的自主性和主体性，应该多关注学习者之间的交际互动情况，所以本研究将设定为大学英语课堂真实环境下的小组互动中的语言形式聚焦研究，仅以学习者为研究对象。本研究的研究对象数量多，收集的小组互动语料丰富，且跟踪研究对象长达一年之久，这些特点都将填补国内这方面研究的空白。

2.2 课堂小组互动研究

自20世纪80年代以来,随着语言教学理论逐渐从传统的以教师为中心转向以学习者为中心,作为一种常见的课堂活动组织形式,课堂小组互动成为二语研究领域普遍关注的热点。国外学者已经开展了大量深入的研究,包括小组互动效果、小组互动模式、小组互动的影响因素等诸多方面。国内课堂小组互动研究起步较晚,而且基本上是以国外研究为导向,在总结和借鉴国外研究成果的基础上开展的。毋庸置疑,国内外研究结果均证实课堂小组互动对课堂教学产生了积极影响。

2.2.1 国外课堂小组互动研究概述

国外课堂小组互动研究经过30多年的发展,研究成果比较成熟,既有理论探讨,又有实验研究,而且实证研究的比例占绝大部分。根据徐锦芬和寇金南对国外课堂互动研究成果的整理,国外研究关注的热点依次为反馈、任务型互动、重铸、计算机辅助、纠正性反馈、重形式、输出、接纳、修正后输出、显性反馈、意义协商、结对互动、合作学习、隐性反馈、语言水平等。在重形式教学研究方面,国外研究者普遍认可在以意义交流为主的互动课堂中开展关注形式的教学活动的有效性。国外研究者关注的语言形式的问题主要包括如何处理语言形式和意义的关系、第二语言课堂是否应该注重形式、语言形式对二语发展的作用、如何注重语言形式及影响形式的因素、互动形式和语言水平对语言形式有怎样的影响等。总而言之,国外课堂小组互动研究的广度和深度都值得国内研究者学习和借鉴。

2.2.2　国内课堂小组互动研究概述

与国外课堂小组互动研究相比，国内课堂小组互动研究起步较晚，但是研究势头良好，经过十几年的发展也取得了一系列的研究成果。我们结合徐锦芬和寇金南对国内课堂小组互动研究热点做出的分析，对国内课堂小组互动研究的特点总结如下：①国内课堂小组互动研究中的实证研究占大多数。研究者主要是通过课堂观察、课堂录音等手段来获得课堂互动中的真实材料，根据真实的语料分析课堂小组互动的特点及其存在的问题。②国内课堂小组互动研究中的研究对象多为非英语专业本科生，较少涵盖学龄前儿童、中小学生、研究生和英语专业的本科生，而且比较关注非英语专业本科生的课堂小组互动情况。③国内课堂小组互动研究的内容广泛，包括纠正性反馈、任务类型、语言水平、意义协商等。④国内课堂小组互动研究已经开始关注课堂小组互动中的语言形式问题，如探讨口语形式纠错的有效性、学习者在交际互动中对语言形式关注的特点等。

综观国内外课堂小组互动研究的现状，从整体上来说，目前国内的课堂小组互动研究与国外的研究还有很大的差距，具体表现在研究范围、研究内容、研究方法、研究手段等方面。虽然近十多年来国外的课堂小组互动研究取得了丰硕的成果，但是还存在一些亟待解决的问题。具体来说，目前国内外课堂小组互动研究还存在以下问题：①课堂小组互动研究中的研究对象缺乏代表性。国外的研究对象以混合学习者为主，且主要是参加短期语言培训的二语学习者，外语学习者的研究数量极少，而且研究样本普遍偏小（低于30人的基本要求），研究的时间跨度短，研究结果具有一定的片面性，不一定适用于正式的课堂环境。②课堂小组互动研究中的研究视角以认知互动为主，从社会文化角度开展的课堂小组互动研究偏少。③课堂小组互动研究中的研究方法以定量为主，缺乏定量和定性相结合的研究，如问卷调查和访谈的研究手段在课堂小组互动研究中比较少见。④课堂小组互动研究中偏重共时研究，历时研究数量极少。语言的发展是一个不断变化的过程，只有将共时研究和历时研究相结合，才能全面了解学习者课堂小组互动的情况。

2.3　课堂小组互动中的语言形式聚焦研究

2.3.1　国外课堂小组互动中的语言形式聚焦研究现状

国外学者开展了诸多课堂教学范围内的语言形式聚焦研究，但是专门针对课堂小组互动中的语言形式聚焦的研究很少，大多数学者都是将研究范围设定在课堂整体的教学过程中，而且在这个过程中教师也参与其中，其主要研究对象包括教师的介入和反馈及师生互动，只有极少数语言形式聚焦研究是专门针对课堂小组互动的。比如，费尔南德斯·多宝（Fernandez Dobao）研究西班牙语中过去时的句法形态这个语法现象，将小组（4人一组）合作中的协作式写作和两两配对中的协作式写作进行比较，来讨论这个语法现象出现的频率、解决方式和长度。珍妮弗·菲尔普等关注的是法语课堂中中级水平学习者之间的同伴互动，包括小组互动和成对互动的情况，通过收集时间跨度为三周的角色扮演活动和小组讨论活动的录音，以及研究者就收集的录音中出现的语言形式聚焦而对学习者进行访谈的结果，来研究语言形式聚焦的频率、特征、来源，以及影响语言形式聚焦的环境因素和社会因素。里夫斯·安德烈亚（Revesz Andrea）研究的是任务的复杂程度与小组互动中语言形式聚焦之间的关系，以及语言学习者的自信心、焦虑和社交自我知觉能力这三个因素对此关系的调节作用。该研究的数据来源是6个小组共计23小时的音频、视频资料。综上所述，国外的课堂小组互动中的语言形式聚焦研究不仅存在样本数量少的状况，而且从语料收集来看语料的时间跨度偏小，语料总量偏少，无法全面反映学习者语言形式聚焦的情况及发展变化的过程。

2.3.2 国内课堂小组互动中的语言形式聚焦研究现状

国内针对课堂小组互动中的语言形式聚焦方面的研究，从严格意义上来说，仅有邹慧民研究不同语言水平的学习者的分组对语言形式关注的影响。在该研究中，学习者被分成6大组，分别是上对上、上对中、上对下、中对中、中对下和下对下。在每一大组中，各安排两个同性结对和一个异性结对。该研究中小组组成方式均是2人一组，而在实际的大学英语课堂中，由于班级人数普遍较多，小组组成通常是采取3人一组或者4人一组的方式，因此，此研究结果对具体的教学实践的指导存在一定的局限性。总之，国内课堂小组互动中的语言形式聚焦研究极为匮乏，迫切需要研究者开展更多的相关研究，促进我国外语课堂小组互动中的语言形式聚焦研究的进一步发展。

2.4 本章小结

本章对语言形式聚焦研究和课堂小组互动研究进行了系统的综述。综上所述，目前国内外关于课堂小组互动中的语言形式聚焦研究存在以下不足之处。

（1）国外的研究成果主要是针对二语教学，其研究结果适用于二语的教学环境，但是并不一定适用于我国的英语课堂教学环境。英语作为一门外语在中国的课堂教学环境中，与英语作为二语在英语国家的教学环境中是不相同的。语言形式聚焦在中国的英语学习者课堂小组互动中的情况如何，是我们亟待解决的问题。目前，国内的相关研究以综述国外的语言形式聚焦的理论概念和研究成果为主，实证研究少，所以有必要在我国的外语课堂研究中引入与语言形式聚焦相关的实证研究，这样可以增强对我国外语课堂教学的实践指导。

（2）国内外的课堂小组互动中的语言形式聚焦研究普遍存在着研究样本偏小、观察周期历时短的问题。虽然国外研究者进行了大量的实证研究，但是实证研究基本上均为共时研究，历时研究的数量严重匮乏。只有将共时研究和历时研究相结合，才能全面了解语言形式聚焦，包括语言形式聚焦的特点及其发展变化过程。

（3）现有的国内外语言形式聚焦研究大都以教师的介入和反馈方式为主要研究对象，而交际课堂中学习者才是课堂的主体。教学中更为普遍的是学习者之间的交际活动，如小组讨论等，并不提倡教师过多的介入和控制。此外，在过去的40多年中，在外语教学方法上的研究重心也发生了变化，研究的出发点由如何教语言转变为学习者怎样习得第二语言及如何促进第二语言学习，因为"教"的最终目的是"学"。20世纪80年代以来，二语习得研究更是强调对学习者方面的关注。综上所述，在以学习者为教学主体和研究主体的情况下，有必要加强对学习者为主体的语言形式聚焦研究。

（4）国内外关于语言形式聚焦影响因素的研究多是从语言认知的角度出发，极少从课堂学习主体（即学习者）的态度、想法、认识出发，来探讨语言形式聚焦的影响因素。只有将学习者的主观认识与语言学习过程联系起来的课堂，才是真正以学习者为中心的课堂；只有了解学习者的行为和想法（如何处理语言形式、在何种情况下处理语言形式等），才能帮助学习者达到预定的语言学习目的。语言形式聚焦是一个复杂的涵盖面广的概念，仅从语言认知的角度来研究语言形式聚焦的影响因素是不够的。社会文化理论的观点也认为，应将外部宏观的学习环境因素与学习者内部的诸多因素结合起来，共同探讨影响语言形式聚焦的因素，因此我们有必要从社会文化角度出发来完善语言形式聚焦影响因素的研究。

为了弥补上述研究的不足，本研究将以学习者为研究对象，在对学习者小组课堂互动语料进行分析的基础上，通过定量（问卷调查）与定性（访谈）相结合的实证研究方法，对大学英语课堂小组互动中的语言形式聚焦进行全面深入的了解，分析其语言形式聚焦的特征及发展变化情况，并从社会文化的角度来探讨语言形式聚焦的影响因素。本研究结果可以为有效地开展课堂小组互动活动、帮助学习者提高语言学习的效果，提供切实的指导。

第 3 章 研究设计与实施

本研究的主要目的是调查大学英语课堂小组互动中的语言形式聚焦情况。本章将首先介绍研究的问题，然后介绍相关变量的界定和测量标准，阐明具体的研究设计及数据的收集和处理方法。

3.1 研究问题

本研究围绕大学英语课堂小组互动中的语言形式聚焦展开探讨，具体将探讨以下 3 个研究问题：

(1) 大学英语课堂小组互动中的语言形式聚焦的特征是什么？
(2) 大学英语课堂小组互动中的语言形式聚焦的发展变化是怎样的？
(3) 影响语言形式聚焦的因素有哪些？

3.2 相关变量的界定及测量

3.2.1 语言形式聚焦

语言形式聚焦的概念从产生至今已经有近 30 年时间。其间，学者们对其定义进行了不断调整和改进。最初,迈克尔·朗将语言形式聚焦定义为"在以意义或交际为中心的课堂下,随着语言形式的偶然出现,学习者的注意力被明显地吸引到这些语言形式上去"❶。起初,迈克尔·朗和其他学者都将语言形式聚焦看作一种教学方法,后来迈克尔·朗调整语言形式聚焦的定义为"语言形式聚焦是指在任务型教学过程中,特别是学习者在解决问题时,为了将学习者的注意力吸引到交流过程中出现的语言问题中来,而相应采取的各种教学策略。它的目的是为了提高学习者对语言形式的注意与学习者内在大纲、发展阶段、加工能力保持一致的可能性"❷。从这个调整中可以看出,在此阶段语言形式聚焦被看作教学策略,并非之前所认为的一种教学方法。本研究中的语料来自学习者的小组讨论,在小组讨论进行过程中,教师在旁边监控、观察,而并不参与实际的小组讨论,所以从语料的选择范围来看是基于学习者为导向的,而不是教师为导向的。为了研究的需要,本研究中语言形式聚焦的界定参照迈克尔·朗的表述,但是仍然将语言形式聚焦看作一种以学习者导向为主的教学方法,而不仅仅是教师导向为主的教学策略。

另外,按照罗德·埃利斯对语言形式聚焦的分类,将语言形式聚焦分为任务内和任务外两大类型。在任务内中,又分为互动型和非互动型,互动型包括先导型和反应型,反应型包括协商意义和协商形式。在任务外中,分为任务前和任务后,任务前是指任务前的计划,任务后是指任务后的重复任务。由于本研究关注的是发生在课堂小组互动中的语言形式聚焦,所以本研究将集中在互动类型的任务内语言形式聚焦,包括先导型和反应型。先导型语言形式聚焦是学习者就某一语言形式进行的询问,而不是对某一错误做出的反应。反应型语言形式聚焦是学习者对交际活动中存在的语言形式问题做出即席反馈。

---

❶ LONG M H. Focus on form: A design feature in language teaching methodology[C]//DE BOT K, GINSBERG R, KRAMSCH C. Foreign language research in cross-cultural perspective. Amsterdam: John Benjamins, 1991:39 –52.

❷ LONG M H. Second language acquisition and task-based language teaching[M]. Malden, MA: Wiley Blackwell, 2015.

3.2.2 语言形式聚焦的测量标准：语言形式聚焦片段

本研究将以"语言形式聚焦片段（FFEs）"为语料研究单位。罗德·埃利斯等将语言形式聚焦片段界定为"从注意力开始聚焦于语言形式到结束的那一段语篇，结束的原因在于对话重新回到意义构建或者是又开始了另一段形式聚焦"[1]。罗德·埃利斯对语言形式聚焦中"形式"的理解是"人们通常误认为'形式'仅仅就是语法形式，事实上，'形式'还包括词汇层面的（音系学、构词学）、语法层面的、语用学层面的"[2]。本研究中的语言形式聚焦将采用罗德·埃利斯等人的定义，以及罗德·埃利斯等对"形式"界定的标准。为了方便理解，我们列举了罗德·埃利斯等人研究中的一个语言形式聚焦片段的实例，详见例1[3]。例1中，语言形式聚焦片段开始于一名学习者在会话中询问"spoil"这个单词的意思，紧接着教师和学习者的注意力都转移到"spoil"这个语言形式上，之后教师就学习者的询问对"spoil"这个语言形式进行了解释。最后，学习者在表述中正确地使用了"spoil"这个语言形式，语言形式聚焦片段至此结束。例1中出现的话语都是围绕"spoil"这个语言形式，这些话语一起构成了一个语言形式聚焦片段。

例1：

S：*Excuse me, T, what's spoil means?*

T：*Spoil means =*

S：*= spoil*

T：*If you are my child.*

---

[1] ELLIS R, BASTURKMEN H, LOEWEN S. Learner uptake in communicative ESL lessons[J]. Language Learning, 2001b, 51(2): 281–318.

[2] ELLIS R. Anniversary article focus on form: A critical review[J]. Language Teaching Research, 2016, 20(3): 405–428.

[3] 同[1].

S:Mhm.

T:And you keep saying give me, give me sweets, give me money, give me a football, let me Watch TV, and I say yes all the time, yes, I spoil you. I give you too much because you always get what you want.

S:ah, ah.

T:So.

S:They spoil them, mm, they always get whatever.

在对语言形式聚焦的特征进行描述性分析时，国外研究者对语言形式聚焦采用了不同的分类标准，如罗德·埃利斯等采用了如下分析框架（见表3.1）。

表3.1 罗德·埃利斯所分析的语言形式聚焦片段的特征❶

定义	分类		
类型	反应型		
	先导型	学习者引发型	
		教师引发型	
来源	会话型		
	教导型		
复杂度	简单型		
	复杂型		
解决方式	直接解决	提供	
		提示	
	间接解决	重铸	
		要求澄清	
		重复	
		启发	

---

❶ ELLIS R, BASTURKMEN H, LOEWEN S. Learner uptake in communicative ESL lessons[J]. Language Learning, 2001b, 51(2):281-318.

续表

定义	分类
语言形式	语法
	词汇
	拼写
	语篇
	语音

而肖恩·洛温则在罗德·埃利斯等的分类标准上进行了增补和删减，如增加了"领会"这一分类。本研究对语言形式聚焦特征的分析，将同时参考罗德·埃利斯等和肖恩·洛温对语言形式聚焦的分类标准，并根据研究的需要进行补充和调整。首先，由于本研究的素材均来自学习者的小组讨论，教师没有参与其中，因此我们将删除"教师引发型"这个类别；其次，通过观察实际搜集到的语料，研究者发现学习者在商讨语言形式时有不少使用母语的情况，因此在语言形式分类上，我们增加了"母语"类别。此外，领会常常被用来衡量语言形式聚焦的有效性。领会是指在一个语言形式聚焦片段中，学习者对与某语言形式相关的信息的反应。反应可能是成功的，也可能是不成功的。这取决于学习者能否在语言产出中正确地使用该语言形式。综上所述，本研究将从类型、语言形式、发起方式、发起者的语言水平、解决方式、解决结果、领会结果等方面对语言形式聚焦产生的次数进行描述性统计。本研究将语言形式聚焦的类型分为两大类，分别是反应型和先导型。反应型语言形式聚焦是指在以意义交流为目的的互动活动中，学习者对其他学习者在语言表达过程中产生的语言形式（如错误的语言表达）做出相应的语言上的反应。先导型语言形式聚焦是指在以意义交流为目的的互动活动中，在没有产生语言错误时学习者主动将注意力引到某语言形式上。对语言形式聚焦的具体分析框架详见表3.2。为了便于理解，我们还在表3.2中列出了对"反应型""先导型""他人引发""自我引发"的文字性描述。需要说明的是，如果语言形式聚焦片段包含几个不同的语言形式方面的语言形式聚焦，那么分别计算次数。如果不同的

学习者同时说话，同时产生了语言形式聚焦片段，那么在能够清楚识别音频语料的条件下也分别计算次数。此外，在本研究中，如果学习者在小组讨论中遇到词汇问题时选择直接借助母语达到交流的目的，交流的过程没有因为某个词汇而暂停，那么在这种情况下不计入母语方面的语言形式聚焦。计入统计内的母语方面的语言形式聚焦主要分为两类：一是用母语来代替不会表达的英语词汇或语句，向其他组员进行询问；二是学习者用英语来询问对某个词或句子的理解，回答者用中文回复。

表3.2 本研究分析的语言形式聚焦片段的特征

定义	分类	描述
类型	反应型	在意义交流中对语言形式的注意，是参加谈话的人对其他人的话语的反应
	先导型	在意义交流中，说话的人对某个语言问题的注意
语言形式	语法	
	词汇	
	拼写	
	语篇	
	语音	
	母语	
发起方式	他人引发	参加谈话的人对听到的某个语言形式做出的反应
	自我引发	说话人自发谈论某个语言形式
发起者的语言水平	高	
	较高	
	中	
	低	
解决方式	询问	
	更正他人的问题	
	自我纠正	
	提供	

续表

定义	分类	描述
解决结果	提供正确表述	
	提供错误表述	
	未解决	
领会结果	领会	
	未领会	
	未知	

表3.3列举了本研究中的3个语言形式聚焦片段实例，从这3个实例可以看出本研究的标注规则和分类的结果。表3.3中的画线部分即是一个语言形式聚焦片段从起始到结束的全部内容。在语言形式聚焦片段第23例中，S5在谈论一个女明星时，出现了一个人称代词使用的错误，自行更正了这个语法错误，并且能在表述中使用正确的人称代词。对此语言形式聚焦片段的分析结果如下：它属于先导型的语言形式聚焦，属于语法类的语言形式，由学习者自我引发，且该学习者的语言水平属于较高等级，对该语法错误采取的是自我纠正，并能自己提供正确表述，且能在表述中准确领会并运用。在语言形式聚焦片段第358例中，S21在表述过程中不知道如何用英语表达"专业主修"，然后采取了主动询问的方法，在询问过程中表达"专业主修"一词时使用的是母语。S22提供了正确的英文单词。对此语言形式聚焦片段的分析结果如下：它属于先导型的语言形式聚焦，属于母语类的语言形式，由自我引发，且该学习者的语言水平属于中等，对该语言形式采取的是询问，他人提供正确表达，且询问的人能在他人提供正确表达后准确地领会并运用。在语言形式聚焦片段第409例中，S30在表述过程中，因为不知如何用英语表达"文章"一词而出现停顿，同组的S31主动提供了正确的英文单词，S30随后正确地使用了这个单词。对此语言形式聚焦片段的分析结果如下：它属于反应型的语言形式聚焦，属于词汇类的语言形式，由他人引发，且该引发者的英语水平属于高等，对该语言形式采取的解决方式是提供，且提供的语言形式正确，被提供者能在之后的表述中准确领会并运用。

表 3.3　本研究的语言形式聚焦片段实例

语言形式聚焦片段	特征	分类
例 1：*Episode 23*	类型	先导型
S5：*I want to talk about a Chinese…*	语言形式	语法
Her name is Liu Yifei. I think in my	发起方式	自我引发
heart, she is my goddess.	发起者的语言水平	较高
	解决方式	自我纠正
	解决结果	提供正确表述
	领会结果	领会
例 2：*Episode 358*	类型	先导型
S21：*But, but, mm, she not, um…she not talent in…*	语言形式	母语
Oh, I'm wrong. She is…. How can I say 专业主修？	发起方式	自我引发
S22：*Major, major.*	发起者的语言水平	中
S21：*Erm. She don't major in music.*	解决方式	询问
	解决结果	提供正确表述
	领会结果	领会
例 3：*Episode 409*	类型	反应型
S30：*But after his mother died, he began to*	语言形式	词汇
write and he write many many famous…	发起方式	他人引发
S31：*Articles.*	发起者的语言水平	高
S30：*We all learn his articles in middle school.*	解决方式	提供
	解决结果	提供正确表述
	领会结果	领会

3.3　研究对象

1. 录音对象

华中地区某重点高校非英语专业一年级（2015 级）学生的年龄为 18~21

岁，分别来自生物信息、材料控制两个不同专业的班级，共42名学生。其中，生物信息专业18名学生，材料控制专业24名学生。学生的语言水平是根据入校英语摸底考试成绩和入校英语口语随堂测试成绩进行综合评定的。入校英语摸底考试已在该校实施多年，其信度和效度都已经过检验。英语口语随堂测试是按照四级口语考试的题型和评判标准进行的，具有较好的信度和效度。通过测试，学生被划分为高、较高、中、低4个英语水平等级。研究者对42名不同等级的学生随机进行分组，确保每个组有4名不同英语水平的学生，并且每个组的英语平均成绩基本相同。也就是说学生课堂小组互动的分组按照高、较高、中、低4种不同的英语水平进行搭配。

分组是在上学期初进行，4名学生组成一组，且两个学期都保持固定分组。由于生物信息专业班级人数为18人，因此有一个小组只有两名成员，他们与其他同班同学一样参与小组活动，只是其小组活动录音不作为最终的研究数据。本研究的实际研究对象为40名，男生共32名，女生共8名。生物信息专业班级的研究对象为16名，其中男生11名，女生5名；材料控制专业班级的研究对象为24名，其中男生21名，女生3名。两个班级在授课内容、授课程序、教学进度、使用教材等方面保持一致。本研究的观察周期从2015年9月到2016年6月，共18周，每学期各9周。为了避免任务类型对语言形式聚焦产生的影响，本研究中课堂小组互动的任务类型统一为话题讨论，每学期9次话题讨论，9个话题均来自教材中的9个单元的主题，使用的教材是《新视野大学英语听说教程》，上学期（从2015年9月至2016年1月）使用的是该教材第三册，下学期（从2016年2月至6月）使用的是该教材第四册。两个学期小组讨论的具体话题详见附录1和附录2。在小组话题讨论开始之前，任课教师在课堂上进行了和教材单元的主题相关的听、说、读、写方面的系列训练。也就是说小组话题讨论开始之前，学习者已经从教师、同伴、课本及课外补充资料中，获得了大量与单元主题相关的语言输入听力材料、阅读材料等。每次课堂小组互动活动都被安排在每堂课的最后进行。

本研究是调查在真实的课堂小组互动中学习者产生语言形式聚焦的情况。

小组互动活动是以意义交流为主要目标的，而不是为了学习和操练某种语言形式，教师和研究者均没有给学习者提出某种特定的语言形式方面的任务。此外，在正式开始课堂小组互动之前，研究者仅告知学习者本研究的目的是观察课堂小组互动情况，并没有告知本研究主要的关注点。研究者利用两周的时间对学习者进行了培训，培训内容包括帮助学习者熟悉和适应小组互动任务的实施过程，减少小组互动中录音给学习者造成的紧张和不适感。在正式开始课堂小组互动时，学习者用各自的手机对课堂小组互动过程进行全程录音。课堂小组互动录音由学习者课后自行转写，上交后由研究者根据原始录音文件进行核对并修改。学习者按教师的要求参与课堂小组互动，课堂小组互动是课堂教学的一个组成部分，课后学习者的录音转写任务属于教师布置的课后作业。整个数据的收集过程都是从真实课堂和课后的转写中自然产生的，学习者并不知道自己在参与一项关于语言形式聚焦的调查。这种做法的好处就在于研究者可以观察和获得来自真实课堂中的语言形式聚焦的情况，而不是为了研究目的而进行实验性研究。

2. 问卷调查对象

本研究中问卷调查的目的是了解学习者在小组互动中的具体实施情况。问卷调查对象是来自华中地区某重点高校非英语专业一年级（2015级）学生，人数共108名。调查对象分别来自材料控制、生物信息、金融学和医学四个不同的专业。发放调查问卷共108份，回收有效问卷107份，回收率为99%。问卷调查是实名制的，以便研究者准确了解学习者个人参与课堂小组互动的情况，还可以根据问卷调查的结果抽取部分调查对象进行半结构式访谈。调查问卷详见附录3。

3. 访谈对象

研究者基于录音和问卷调查结果，对部分学习者进行了非结构性访谈，按照每个小组选取两人的标准，从材料控制专业班级选取8人、生物信息专业班级选取12人，一共选取访谈对象20人。访谈的目的是进一步了解小组互动中的具体实施情况，从而挖掘学习者产生语言形式聚焦的特征及发展变化情况的原因，以及影响语言形式聚焦产生的因素等，为本研究提供定性数据。访谈问题详见附录4。

3.4 研究设计

3.4.1 研究过程

本研究是调查大学英语课堂小组互动中的语言形式聚焦的情况。为了对语言形式聚焦进行全面了解，本研究采用定性和定量分析相结合的研究方法。研究过程包括对真实的大学英语课堂小组互动进行观察、全程录音、课后的录音转写、语料收集及整理、问卷调查和访谈。

本研究的实施是从2015年9月底持续到2016年6月中旬，跨度为两个学期，每学期为14周，共计28周。除上学期的第一周我们对学习者进行当堂口语测试，了解学习者的语言水平外，还结合入校英语摸底考试成绩实施课堂小组互动分组（两个学期保持固定分组）；在第二周和第三周，我们对课堂小组互动的具体要求进行详细讲解，并进行模拟练习，帮助学习者尽快熟悉小组互动的全过程，避免录音给学习者带去紧张和不适感；从第四周到第十二周，每周的课堂上都开展小组互动活动；第十三周我们对整个学期的小组互动活动进行总结。为了避免小组互动的任务类型对学习者语言形式聚焦产生影响，每学期的9次课堂小组互动活动，我们均采取教师给定话题，学习者围绕给定的话题进行小组讨论的形式。为了了解学习者在自然真实的小组互动中语言形式聚焦方面的情况，教师不参与学习者的小组讨论，只是作为旁观者进行观察和督导。为了激发和调动学习者参加小组互动活动的热情和积极性，教师每次在课堂上会对前一次课堂小组互动中每组的完成情况、各组员的完成情况逐个进行点评。在下学期，本研究的实施基本保持不变：第一周对上学期小组互动情况进行了回顾；第二周至第十周开展课堂小组互动活动；第十一周进行本学期小组互动的总结；第十二周在学习者中完成问卷调查，了解学习者在小组互动中的具体实施情况；第十三周针对课堂观察、录音数据及问卷调查结果，抽取部分学习者进行一对一的半结构式访谈，进一步了解小组互动的实施情况及原因。

本研究共收集录音18次（每学期各9次），共计180组次的转写数据（每次10组×9次×2个学期）是主要的数据来源。根据对数据的统计结果分析，我们回答本研究中的前两个研究问题，即大学英语课堂小组互动中的语言形式聚焦的特征及发展变化情况，并结合非结构性访谈中的调查结果来分析语言形式聚焦的特征及发展变化情况的原因。为了了解语言形式聚焦的影响因素，本研究将学习者调查问卷结果和对学习者进行访谈的结果相结合，对影响语言形式聚焦的因素进行定量和定性分析。

3.4.2 研究工具

1. 问卷调查

本研究中的问卷名称是"大学英语课堂小组互动实施情况调查问卷"，该问卷改编自寇金南的"大学英语课堂小组互动认识调查问卷"。为了保证问卷的内容效度，改编问卷时征询了相关专家和长期从事英语教学并在教学中实施课堂小组互动的教师的意见。问卷分为两个部分：第一部分是调查被试者的个人情况，如姓名、性别、专业、年级；第二部分是问卷内容，调查大学英语课堂小组互动的实施情况，从而探讨影响语言形式聚焦的因素。原始问卷共有25个题项，其中包括4个反向题。

为了保证问卷的信度和效度，研究者对该问卷进行了预测试。预测试是在50名被试者中进行的。这50名被试者是华中地区某重点高校非英语专业一年级（2015级）学生，是从中文、材料控制、生物信息、金融、医学这五个不同的专业班级中随机抽取出来的，这些专业涵盖文、理、工、经、医五大学科，比较具有代表性。随机抽取专业班级之前，已与各专业班级的任课教师进行了沟通，确认这五个专业班级的英语课堂教学中均有小组互动活动。每个专业班级随机抽取10名被试者。预测问卷调查的时间是2016年5月，共发放问卷50份，回收有效问卷48份，有效率为96%。预测试后，研究者对数据先后进行了项目分析、结构效度分析和信度分析。研究者进行项目分析的具体方法是，首先计算出每份测试问卷的总分，将总分按从高到低的顺序排列，然后以25%的比例标准分别抽取高分组和低分组（高分组13人、低分组13人），最后进行独立样本T检验。统计结果显示，原25个题项中有3个题项不能清楚地区分被试者，故将其排除掉。在对该问卷进行结构效度分析时，第一轮探索性因子分析的KMO检验值（Kaifer-Meyer-Olkin Measure of Sampling Adequacy）为0.821，该值大于0.8；Bartlett球形度检验结果中，近似卡方为1044.217、df为181、p值为0.000（小于0.05）。上述KMO检验值和Bartlett球形度检验结果表明：数据适合做因子分析。

我们采用主成分分析法，经正交转轴法和8次迭代后，结合方差贡献率得到5个因子（特征值>1），它们揭示了所有项目中所有变量65.051%的方差，但是旋转的因子矩阵结果表明第5个因子只有两个变量，包含的变量不多，因此删除第5个因子，重新进行因子分析。删除第5个因子，也就是删除了原25个题项中的另外2个题项。第二轮探索性因子分析结果显示，KMO检验值为0.821，该值大于0.8；Bartlett球形度检验结果中，近似卡方为956.231、df为211、p值为0.000（小于0.05）。采用主成分分析法，经正交转轴法和7次迭代后，得到4个因子（特征值>1），它们揭示了所有项目中所有变量63.319%的方差，能较全面地概括数据特性。

经过项目分析和两轮探索性因子分析，我们共删除5个题项，最终问卷包含20个题项，其中17道正向题，3道反向题（详见附录3）。为了保证问卷的信度，我们进一步对保留的20个题项的内部一致性进行分析。经检验，Cronbach α系数为0.742，检验结果说明该量表整体的内在一致性较好。对所得到的4个因子做信度分析时，我们发现因子1的内部一致性系数为0.724，因子

2的内部一致性系数为0.732,因子3的内部一致性系数为0.731,因子4的内部一致性系数为0.697。上述结果表明,问卷信度良好。

通过对预测问卷的项目分析、结构效度分析和信度分析,我们发现调整修改后的问卷区分度、效度和信度三方面均达到要求,可以开始下一步的正式问卷调查。正式问卷调查的各项结果将在第6章中进行详细介绍。

2. 非结构性访谈

问卷调查结束之后,研究者根据问卷调查的结果,对部分问卷调查对象进行了非结构性访谈,访谈对象共20人。从材料控制专业班级中抽取了8名访谈对象,抽取的方法是从材料控制专业班级课堂小组互动的4个分组中各抽取2名访谈对象;从生物信息专业班级中抽取了12名访谈对象,抽取的方法是从生物信息专业班级课堂小组互动的6个分组中各抽取2名访谈对象。访谈时间为2016年6月,访谈形式为一对一访谈,每次访谈时间约为15分钟。在征求被采访者同意的前提下,研究者用手机对访谈全程进行了录音。访谈的目的是进一步了解小组互动中的具体实施情况,从而了解语言形式聚焦的特征和发展变化情况的原因,以及影响语言形式聚焦产生的因素,为本研究提供定性数据。

3.5 数据收集

(1) 前两个研究问题的数据来源是课堂小组互动录音的转写数据。在研究正式开始之前,研究者对学习者进行了两周的培训,具体讲解课堂小组互动录音的转写规范。课后由学习者对自己在小组互动中的发言进行转写,转写完毕后上交给各小组轮值组长,轮值组长核对修改后合成全组的转写文本。全组的转写文本由研究者核对校正,确保转写文本与原录音内容保持一致。数据来源的时间跨度为上、下两个学期,18周的转写文本组成了180组次的语料。

(2) 为了回答第三个研究问题,研究者首先在下学期末通过问卷调查了解学习者在课堂小组互动过程中的实施情况。该问卷调查使用里克特五分量表，问卷调查选项最初共设计了25题，通过预测试后的项目分析、效度和信度分析，保留了其中20题，其中正向题17个，反向题3个。统计问卷得分时，研究者将反向题得分转换成正向题来计算，如反向题得分为1，转为正向题则为5；反向题得分为5，转换为正向题则为1，反之亦然。对问卷调查的结果，通过社会科学统计软件包（SPSS）进行统计分析。我们选取因子分析和相关分析的数据分析方法，来研究影响语言形式聚焦的因素。研究者还从问卷调查对象中随机抽取了20人进行非结构性访谈，每小组选取2人，进一步了解小组互动开展的实际情况，深入了解语言形式聚焦的特征及发展变化情况的原因，以及影响语言形式聚焦的因素。

3.6 数据处理

为了回答前两个研究问题，本研究首先对由学习者转写并经研究者们校对的文字稿进行语言形式聚焦片段的识别和标注。为了保证识别和标注的可信度，研究者对两名标注者进行了培训，为他们讲解语言形式聚焦片段的识别标准、语言形式聚焦片段的分类标准及数据分析的目的。为了保证语言形式聚焦片段识别的可信度，我们首先随机抽取一份转写文字稿让标注者分别识别，然后进行比较，对语料识别不一致的地方通过协调达到一致；然后再随机抽取10份转写文字稿让标注者进行识别，通过检验两名标注者之间的科恩Kappa系数达到了0.90；最后让两名标注者各自完成了所有数据中语言形式聚焦的识别。在完成了语言形式聚焦片段的识别之后，两名标注者对语言形式聚焦片段进行了标注。具体步骤如下：先随机抽取10份转写文字稿给标注者分别标注，然后进行比较，结果表明标注者之间的科恩Kappa系数达到了0.91；然后，两名标注者对剩余的转写文字稿进行标注，标注不一致的地方通过协商讨论达到一致；在一周以后，我们随机抽取10份转写文字稿，再让两名标注者进行标注，通过比较标注者前后两次的标注结果，发现标注者的内部一致性为科恩 Kappa 系数 0.95。本研究将从语言形式聚焦类型、语言形式、发起方式、发起者的语言水平、解决方式、解决结果方面，通过描述性统计的方法来分析语言形式聚焦片段的特征及语言形式聚焦片段的发展变化情况。由于统计的是小组互动中语言形式聚焦各分类的次数，因此本研究将采用皮尔逊卡方检验的统计方法来对各项数据进行统计分析。本研究使用的是社会科学统计软件包（SPSS）17.0 版本。

为了回答第三个研究问题，本研究将学习者问卷调查的结果与对部分学习者进行非结构性访谈所获得的数据相结合，采用定量与定性相结合的研究方法，通过因子分析和相关分析，来探讨影响语言形式聚焦的因素。

3.7　本章小结

本章介绍了研究的设计与实施方法，提出了研究问题，并对研究中涉及的变量进行了界定，阐释了变量的测量标准，还详细描述了研究对象、研究设计及对数据的收集和分析方法，并指出了本研究在研究方法上的创新之处，进一步说明了本研究的开拓意义。

第 4 章 小组互动中语言形式聚焦的特征

本章主要解决本研究的第一个问题：大学英语课堂小组互动中的语言形式聚焦的特征是什么。本章主要包括 3 个方面的内容：一是对小组互动中语言形式聚焦各类别的频次、比例进行描述性统计；二是根据学习者语言水平的不同，从语言形式聚焦的类型、语言形式、发起方式、解决方式、解决结果和领会结果这几个方面，来分析语言水平和语言形式聚焦之间是否存在显著性的关联；三是根据前两者得出的数据分析结果，并结合非结构性访谈的结果，对小组互动中语言形式聚焦的特征进行归纳和总结。下面我们将详细阐述上述 3 个方面的内容。

4.1 小组互动中语言形式聚焦特征的总体描述

语言形式聚焦的统计结果表明，两个学期中小组互动的录音数据时长共 26 小时，共发现语言形式聚焦片段 1512 次，平均每 1.03 分钟出现一次。

本研究从语言形式聚焦的类型、语言形式、发起方式、发起者的语言水平、解决方式、解决结果和领会结果这 7 个方面详细分析语言形式聚焦的特征，详见表 4.1。从表 4.1 中，我们可以看出语言形式聚焦在类型上，反应型语言形式聚焦的次数为 408，占比为 27.0%，先导型语言形式聚焦的次数为

1104，占比为73.0%。在这两种类型的语言形式聚焦中，先导型为主要类型。在语言形式上，按照从高频次到低频次的顺序排列，分别是语法、词汇、母语、语用、语音、拼写，分别为724次、375次、258次、91次、64次和0次，占比分别为47.9%、24.8%、17.1%、6.0%、4.2%和0%。在发起方式上，以自我引发为主，次数为1002，占比为66.3%；他人引发为510次，占比为33.7%。从发起者的语言水平来看，高水平的学习者发起了598次语言形式聚焦，占比为39.5%；较高水平的学习者发起了444次语言形式聚焦，占比为29.4%；中等水平的学习者发起了310次语言形式聚焦，占比为20.5%；低水平的学习者发起了160次语言形式聚焦，占比为10.6%。在解决方式上，按频次从高到低排列，分别是自我纠正、提供、询问和更正他人问题，分别为718次、413次、268次和113次，占比依次为47.5%、27.3%、17.7%和7.5%。在解决结果方面，提供正确表述的次数为1411，占比为93.3%；提供错误表述的次数为52，占比为3.4%；未解决的次数为49，占比为3.3%。在领会结果方面，有76.2%的语言形式聚焦被领会，次数为1152；13.0%的语言形式聚焦未被领会，次数为196；还有10.8%的语言形式聚焦是否被领会还不得而知，次数为164。

表4.1 语言形式聚焦特征统计

定义	分类	次数	比例（%）
类型	反应型	408	27.0
	先导型	1104	73.0
语言形式	语法	724	47.9
	词汇	375	24.8
	拼写	0	0
	语用	91	6.0
	语音	64	4.2
	母语	258	17.1

续表

定义	分类	次数	比例（%）
发起方式	他人引发	510	33.7
	自我引发	1002	66.3
发起者的语言水平	高	598	39.5
	较高	444	29.4
	中	310	20.5
	低	160	10.6
解决方式	询问	268	17.7
	更正他人问题	113	7.5
	自我纠正	718	47.5
	提供	413	27.3
解决结果	提供正确表述	1411	93.3
	提供错误表述	52	3.4
	未解决	49	3.3
领会结果	领会	1152	76.2
	未领会	196	13.0
	未知	164	10.8

4.2 小组互动中语言水平与语言形式聚焦之间的关系

在 4.1 中，我们从总体上描述了小组互动中语言形式聚焦的特征。在本节中，我们将从语言形式聚焦的类型、语言形式、发起方式、解决方式、解决结果和领会结果这 6 个方面，来分别研究不同语言水平的学习者与语言形式聚焦之间是否存在显著性关联。我们使用卡方独立性检验的方法来区分不同语言水平的学习者在不同的语言形式聚焦类别之间是否存在显著性关联。下面我们就针对各项数据统计结果，进行详细分析。

4.2.1 类型

表4.2是语言水平与语言形式聚焦类型次数的统计。从表中，我们可以看出英语水平高的学习者发起的语言形式聚焦类型中，反应型为141次，先导型为457次；英语水平较高的学习者分别是113次和331次；英语水平中等的学习者分别是100次和210次；英语水平低的学习者分别是54次和106次。

表4.2 语言水平与语言形式聚焦类型的次数统计

语言水平	语言形式聚焦类型		总计
	反应型	先导型	
高	141	457	598
较高	113	331	444
中	100	210	310
低	54	106	160
总计	408	1104	1512

为了检验不同学习者的语言水平和语言形式聚焦类型之间是否存在显著性关联，我们通过卡方独立性检验的方法进行了统计分析，分析结果详见表4.3和表4.4。表4.3和表4.4的结果显示，皮尔逊卡方值为8.583，自由度为3，显著性概率值 p 为0.035（小于0.05），学习者的英语语言水平和语言形式聚焦类型之间存在着显著性关联（$x^2=8.583$、$df=3$、$p<0.05$）。从表4.3中可以看出，无论语言水平高、较高、中还是低，学习者都倾向于引发先导型语言形式聚焦。

表 4.3 语言水平与语言形式聚焦类型交叉制表

语言水平		语言形式聚焦类型		合计
		反应型	先导型	
高	计数	141	471	612
	期望的计数	160.4	451.6	612.0
较高	计数	113	251	364
	期望的计数	95.4	268.6	364.0
中	计数	34	81	115
	期望的计数	30.1	84.9	115.0
低	计数	14	47	61
	期望的计数	16.0	45.0	61.0
合计	计数	302	850	1152
	期望的计数	302.0	850.0	1152.0

表 4.4 语言水平与语言形式聚焦类型的卡方检验

项目	值	df	渐进 Sig.（双侧）
皮尔逊卡方	8.583[①]	3	0.035
似然比	8.509	3	0.037
线性和线性组合	2.268	1	0.132
有效案例中的 N	1152		

① 0 单元格（0.0%）的期望计数小于 5，最小期望计数为 15.99。

4.2.2 语言形式

表 4.5 是语言水平与语言形式次数的统计。从表 4.5 中我们可以看出，学习者产生语言形式聚焦的语言形式方面，在语法、词汇、语用、语音 4 个方面是按照语言水平的高低不同依次递减；在母语方面则按照语言水平的高低依次递增；在拼写方面，无论语言水平如何，均没有出现与此相关的语言形式聚焦。

表 4.5　语言水平与语言形式次数统计

语言水平	语言形式						总计
	语法	词汇	拼写	语用	语音	母语	
高	304	187	0	35	30	42	598
较高	239	101	0	26	19	59	444
中	146	63	0	21	9	71	310
低	35	24	0	9	6	86	160
总计	724	375	0	91	64	258	1512

为了检验不同学习者的语言水平和语言形式之间是否存在显著性关联，我们通过卡方独立性检验的方法进行了统计分析，分析结果详见表 4.6 和表 4.7。表 4.6 和表 4.7 的卡方独立性检验结果显示，皮尔逊卡方值为 220.629，自由度为 12，显著性概率值 p 为 0.000（小于 0.05），学习者的语言水平和语言形式之间存在显著性关联（$x^2 = 220.629$、df = 12、$p < 0.05$）。具体来说，语言水平高的学习者多数引发的是语法方面的语言形式聚焦（304/598 = 51%）；同样，语言水平较高的学习者多数引发的也是语法方面的语言形式聚焦（239/444 = 54%）；语言水平中等的学习者多数引发的是母语方面的语言形式聚焦（71/310 = 23%）；同样，语言水平低的学习者多数引发的也是母语方面的语言形式聚焦（86/160 = 54%）。

表 4.6　语言水平与语言形式交叉制表

语言水平		语言形式					合计
		语法	词汇	语用	语音	母语	
高	计数	304	187	35	30	42	598
	期望的计数	286.3	148.3	36.0	25.3	102.0	598.0
较高	计数	239	101	26	19	59	444
	期望的计数	212.6	110.1	26.7	18.8	75.8	444.0
中	计数	146	63	21	9	71	310
	期望的计数	148.4	76.9	18.7	13.1	52.9	310.0
低	计数	35	24	9	6	86	160
	期望的计数	76.6	39.7	9.6	6.8	27.3	160.0

续表

语言水平		语言形式					合计
		语法	词汇	语用	语音	母语	
合计	计数	724	375	91	64	258	1512
	期望的计数	724.0	375.0	91.0	64.0	258.0	1512.0

表4.7　语言水平与语言形式的卡方检验

项目	值	df	渐进 Sig.（双侧）
皮尔逊卡方	220.629[①]	12	0.000
似然比	190.453	12	0.000
线性和线性组合	131.251	1	0.000
有效案例中的 N	1512		

① 0 单元格（0.0%）的期望计数小于5，最小期望计数为6.77。

4.2.3　发起方式

表4.8是语言水平与发起方式次数的统计。从该表中我们可以发现，语言形式聚焦的发起方式分为他人引发和自我引发，其中英语水平高、较高、中和低的学习者在他人进行小组发言时，主动引发的语言形式聚焦次数分别为187、155、114和54；而英语水平高、较高、中和低的学习者在自己进行小组发言时，自我引发的语言形式聚焦次数分别为411、289、196和106。

表4.8　语言水平与发起方式次数统计

语言水平	发起方式		总计
	他人引发	自我引发	
高	187	411	598
较高	155	289	444
中	114	196	310
低	54	106	160
总计	510	1002	1512

为了检验不同学习者的语言水平和发起方式之间是否存在显著性关联，我们通过卡方独立性检验的方法进行了统计分析，分析结果详见表 4.9 和表 4.10。表 4.9 和表 4.10 的卡方独立性检验结果显示，学习者的语言水平与语言形式聚焦的发起方式之间不存在显著性关联，皮尔逊卡方值为 3.180，自由度为 3，显著性概率值 p 为 0.365（大于 0.05），也就是说学习者的语言水平高低和语言形式聚焦的发起方式之间不存在必然的关系（x^2 = 3.180、df = 3、$p > 0.05$）。

表 4.9　语言水平与发起方式交叉制表

语言水平		发起方式		合计
		他人引发	自我引发	
高	计数	187	411	598
	期望的计数	201.7	396.3	598.0
较高	计数	155	289	444
	期望的计数	149.8	294.2	444.0
中	计数	114	196	310
	期望的计数	104.6	205.4	310.0
低	计数	54	106	160
	期望的计数	54.0	106.0	160.0
合计	计数	510	1002	1512
	期望的计数	510.0	1002.0	1512.0

表 4.10　语言水平与发起方式的卡方检验

项目	值	df	渐进 Sig.（双侧）
皮尔逊卡方	3.180[①]	3	0.365
似然比	3.181	3	0.365
线性和线性组合	1.693	1	0.193
有效案例中的 N	1512		

① 0 单元格（0.0%）的期望计数小于 5，最小期望计数为 53.97。

4.2.4 解决方式

表 4.11 是语言水平与解决方式次数的统计。对语言水平高的学习者来说，他们对语言形式聚焦的解决方式的频次由高到低分别是自我纠正（290 次）、提供（176 次）、询问（80 次）、更正他人问题（52 次）；语言水平较高的学习者对语言形式聚焦的解决方式，次数由高到低分别是自我纠正（220 次）、提供（119 次）、询问（67 次）、更正他人问题（38 次）；语言水平中等的学习者对语言形式聚焦的解决方式，次数由高到低分别是自我纠正（167 次）、提供（98 次）、询问（32 次）、更正他人问题（13 次）；语言水平低的学习者对语言形式聚焦的解决方式，次数由高到低分别是询问（89 次）、自我纠正（41 次）、提供（20 次）、更正他人问题（10 次）。

表 4.11 语言水平与解决方式次数统计

语言水平	解决方式				总计
	询问	更正他人问题	自我纠正	提供	
高	80	52	290	176	598
较高	67	38	220	119	444
中	32	13	167	98	310
低	89	10	41	20	160
总计	268	113	718	413	1512

为了检验不同学习者的语言水平和语言形式聚焦解决方式之间是否存在显著性关联，我们通过卡方独立性检验的方法进行了统计分析，分析结果详见表 4.12 和表 4.13。表 4.12 和表 4.13 的卡方独立性检验结果显示，皮尔逊卡方值为 189.305，自由度为 9，显著性概率值 p 为 0.000（小于 0.05），语言水平和解决方式之间存在着显著性关联（$x^2 = 189.305$、df = 9、$p < 0.05$）。具体来说，语言水平高的学习者多数采取自我纠正的解决方式；语言水平较高的学习者多数采取自我纠正的解决方式；语言水平中等的学习者多数采取自我纠正的解决方式；语言水平低的学习者多数采取询问的解决方式。

表 4.12　语言水平与解决方式交叉制表

语言水平		解决方式				合计
		询问	更正他人问题	自我纠正	提供	
高	计数	80	52	290	176	598
	期望的计数	106.0	44.7	284.0	163.3	598.0
较高	计数	67	38	220	119	444
	期望的计数	78.7	33.2	210.8	121.3	444.0
中	计数	32	13	167	98	310
	期望的计数	54.9	23.2	147.2	84.7	310.0
低	计数	89	10	41	20	160
	期望的计数	28.4	12.0	76.0	43.7	160.0
合计	计数	268	113	718	413	1512
	期望的计数	268.0	113.0	718.0	413.0	1512.0

表 4.13　语言水平与解决方式的卡方检验

项目	值	df	渐进 Sig.（双侧）
皮尔逊卡方	189.305[①]	9	0.000
似然比	151.419	9	0.000
线性和线性组合	46.963	1	0.000
有效案例中的 N	1512		

① 0 单元格（0.0%）的期望计数小于 5，最小期望计数为 11.96。

4.2.5　解决结果

表 4.14 是语言水平与解决结果次数的统计。从表 4.14 可以看出，语言水平高的学习者引发的语言形式聚焦中，提供正确表述、提供错误表述和未解决分别为 573 次、9 次、16 次；语言水平较高的学习者引发的语言形式聚焦中，提供正确表述、提供错误表述和未解决分别为 423 次、10 次、11 次；语言水平中等的学习者引发的语言形式聚焦中，提供正确表述、提供错误表述和未解决分别为 287 次、13 次、10 次；语言水平低的学习者引发的语言形式聚焦中，

提供正确表述、提供错误表述和未解决分别为 128 次、20 次、12 次。

表 4.14 语言水平与解决结果次数统计

语言水平	解决结果			总计
	提供正确表述	提供错误表述	未解决	
高	573	9	16	598
较高	423	10	11	444
中	287	13	10	310
低	128	20	12	160
总计	1411	52	49	1512

为了检验不同学习者的语言水平和语言形式聚焦解决结果之间是否存在显著性关联，我们通过卡方独立性检验的方法进行了统计分析，分析结果详见表 4.15 和表 4.16。表 4.15 和表 4.16 的卡方独立性检验结果显示，皮尔逊卡方值为 61.017，自由度为 6，显著性概率值 p 为 0.000（小于 0.05），语言水平和解决结果之间存在着显著性关联（$x^2=61.017$、$df=6$、$p<0.05$）。具体来说，无论语言水平高低，学习者引发的语言形式聚焦多数均被提供了正确表述。

表 4.15 语言水平与解决结果交叉制表

语言水平		解决结果			合计
		提供正确表述	提供错误表述	未解决	
高	计数	573	9	16	598
	期望的计数	558.1	20.6	19.4	598.0
较高	计数	423	10	11	444
	期望的计数	414.3	15.3	14.4	444.0
中	计数	287	13	10	310
	期望的计数	289.3	10.7	10.0	310.0
低	计数	128	20	12	160
	期望的计数	149.3	5.5	5.2	160.0

语言水平		解决结果			合计
		提供正确表述	提供错误表述	未解决	
合计	计数	1411	52	49	1512
	期望的计数	1411.0	52.0	49.0	1512.0

表 4.16 语言水平与解决结果的卡方检验

项目	值	df	渐进 Sig.（双侧）
皮尔逊卡方	61.017[①]	6	0.000
似然比	45.233	6	0.000
线性和线性组合	24.724	1	0.000
有效案例中的 N	1512		

① 0 单元格（0.0%）的期望计数小于 5，最小期望计数为 5.19。

4.2.6 领会结果

表 4.17 是语言水平与领会结果次数的统计。从该表可以看出，语言水平高的学习者领会、未领会和未知分别是 450 次、76 次和 72 次；语言水平较高的学习者领会、未领会和未知分别是 341 次、58 次和 45 次；语言水平中等的学习者领会、未领会和未知分别是 238 次、38 次和 34 次；语言水平低的学习者领会、未领会和未知分别是 123 次、24 次和 13 次。

表 4.17 语言水平与领会结果次数统计

语言水平	领会结果			总计
	领会	未领会	未知	
高	450	76	72	598
较高	341	58	45	444
中	238	38	34	310
低	123	24	13	160
总计	1152	196	164	1512

为了检验不同学习者的语言水平和语言形式聚焦领会结果之间是否存在显著性关联,我们通过卡方独立性检验的方法进行了统计分析,分析结果详见表4.18和表4.19。表4.18和表4.19的卡方独立性检验结果显示,皮尔逊卡方值为2.868,自由度为6,显著性概率值 p 为0.825(大于0.05),语言水平和领会结果之间不存在显著性关联($x^2 = 2.868$、df = 6、$p > 0.05$)。具体来说,学习者的语言水平高低和语言形式领会结果之间不存在必然的关系。

表4.18 语言水平与领会结果交叉制表

语言水平		领会结果			合计
		领会	未领会	未知	
高	计数	450	76	72	598
	期望的计数	455.6	77.5	64.9	598
较高	计数	341	58	45	444
	期望的计数	338.3	57.6	48.2	444
中	计数	238	38	34	310
	期望的计数	236.2	40.2	33.6	310
低	计数	123	24	13	160
	期望的计数	121.9	20.7	17.4	160
合计	计数	1152	196	164	1512
	期望的计数	1152	196	164	1512

表4.19 语言水平与领会结果的卡方检验

项目	值	df	渐进 Sig.(双侧)
皮尔逊卡方	2.868①	6	0.825
似然比	2.928	6	0.818
线性和线性组合	0.917	1	0.338
有效案例中的 N	1512		

① 0 单元格(0.0%)的期望计数小于5,最小期望计数为17.35。

4.3 分析与讨论

在4.1节中,我们对小组互动中语言形式聚焦进行了总体性的描述统计;在4.2节中,我们分析了语言水平和语言形式聚焦之间是否存在显著性关联。在本节中,我们基于4.1节和4.2节的数据统计和分析结果,归纳总结了小组互动中语言形式聚焦的如下特征。

1. 学习者在小组互动中关注语言形式

在4.1节中我们提到,本研究的录音数据时长共26小时,共发现语言形式聚焦片段1512次,平均1.03分钟出现一次。这一频次高于罗德·埃利斯等发现的在教师为主导的课堂中平均1.6分钟出现一次语言形式聚焦片段的统计结果。这个可能是由于罗德·埃利斯等人的研究中,在统计语言形式聚焦次数时,如果语言错误是学习者自我纠正的,这样的语言形式聚焦片段没被计入在内。本研究结果也高于罗伊·利斯特和利拉·兰塔在有教师参与的语言课堂中,平均1.97分钟出现一次语言形式聚焦片段的研究结果,原因可能是罗伊·利斯特等人只统计了反应型语言形式聚焦的次数,忽略了先导型语言形式聚焦的次数。同样,本研究结果也高于王蓓蕾的统计结果,王蓓蕾的研究设置在学习者课堂展示后,展示组和班级其他学习者之间的问答环节中,语言形式聚焦片段出现的频次是平均2.2分钟出现一次。本研究结果表明,在以意义交流为主的课堂活动中,存在着大量语言形式聚焦。这个结果也印证了在以意义交流为主要目的的语言课堂中,语言形式聚焦出现频次高的观点。在访谈中,受访者在回答研究者提出的"评价自己和组员在小组讨论过程中的表现"时,S7表示"我发现自己在小组讨论中经常会犯一些低级错误。在有些情况下,错误一说出口我就马上发现了,然后就当时进行纠正,这样起码让自己觉得踏实一些";S11也提出了类似的说法,"有时候在小组讨论时一紧张就会犯错误,这些错误都是无意之间的错误。在小组讨论中,我有时发现不了自己的错误,但是在完成课后自我转写的过程中,可以轻易地听出自己的错误,所以在下次小组讨论时会尽力有意识地避免犯错,即使犯错也会主动自己进行纠错"。从中我们可以看出,中国学习者在大学英语课堂中没有教师参与小组讨论的情况下,也能自觉自发地关注语言形式,而且语言形式聚焦出现的频次高。

2. 学习者产生的语言形式聚焦以先导型为主

本研究中,通过对小组互动录音数据的识别和标注,我们发现语言形式聚焦片段共1512次。语言形式聚焦的类型可以分为反应型语言形式聚焦和先导型语言形式聚焦。在发现的1512次语言形式聚焦片段中,反应型语言形式聚焦为408次,所占比例为27.0%;先导型语言形式聚焦为1104次,所占比例为73.0%。从数据结果,我们可以看出中国学习者产生的语言形式聚焦类型以先导型为主。此研究结果和国外研究者的研究结果有所区别。例如,罗德·埃利斯等在调查师生互动的课堂中的语言形式聚焦时发现,反应型语言形式聚焦和先导型语言形式聚焦在数量上持平。伊娃·奥尔康(Eva Alcon)在调查母语是西班牙语的12位英语学习者的课堂中的语言形式聚焦时发现,反应型语言形式聚焦的次数(60.1%)远多于先导型语言形式聚焦(39.9%)。本研究的结果和国外学者的研究结果存在差异可能有两方面的原因:一是研究的数据来源不同。本研究的数据来源于学习者的小组互动,教师不参与其中。国外学者一般是将数据来源设置在师生共同参与的课堂中,数据来源不同会造成收集到的语言形式聚焦在类型上的分布不同。二是和班级范围内的师生互动环境相比,虽然学习者在小组范围内的生生互动中感觉自在和轻松,没有过多的紧张感和焦虑感,也能够自如地就语言形式问题进行提问和商讨,但是中国学习者在小组讨论中依次发言的情况较多,相互之间的交流相对偏少。研究者在课堂中也观察到,小组互动实施的实际情况基本上是以小组成员依次个人陈述为主,其他人旁听,有时会打断、询问、共同探讨语言问题。在小组中,发言的学习者比较注意自己对语言的正确使用,在没有其他成员进行提示和纠正的情况下,经常会自发地对自己的语言进行纠正和改进。在访谈中,受访者S11谈道:"在小组讨论中,有时自己会出现词不达意、语无伦次的现象,会主动纠正自己的错误。但是,对于同伴的错误,在一般情况下只要不影响理解他的主要意思,我就忽略不计。只有严重影响了理解,我才会提问,而且在大多数情况下会询问某个单词的意思,因为有时同伴使用的生僻单词我没听懂。"还有的受访者,如S15表示"有的组员的英语发音很怪异,基本上无法听懂他的观点,但是为了不打击他在小组讨论中的积极性,同时也考虑到不打断他的思路,只好不懂装懂,保持沉默"。上述访谈中的陈述都表现出学习者在小组讨论中对自己发言的语言要求高,而对同伴的语言不太在意的态度,这种态度是和学习者存在的"面子"心态有关的,不轻易纠正其他组员的语言错误,是因为担心伤及其他组员的"面子"。中国是一个高情景文化的国家,人们常常过多地注意人情和面子问题,而对他人的语言错误采取回避或是忽视的态度。这些都直接造成了学习者产生的先导型语言形式聚焦远多于反应型语言形式聚焦的数量,即在小组互动中学习者产生的语言形式聚焦以先导型为主。

另外,本研究中先导型语言形式聚焦的数量远远大于反应型语言形式聚焦的原因还有这两种不同类型的语言形式聚焦在本质上是有区别的。先导型语言形式聚焦通常包括直接询问和元语言评论及解释,因此在本质上比反应型语言形式聚焦更清晰、直接;而反应型语言形式聚焦通常包括互动中的商议,因此在本质上比先导型语言形式聚焦更间接。中国的英语学习者,作为非母语国家的英语学习者,在使用英语进行小组交流时更倾向于使用清晰直接的方式进行小组交流,因此学习者产生先导型语言形式聚焦的数量远远多于反应型语言形式聚焦。

3. 学习者对不同语言形式的关注程度有所不同

本研究中,语言形式具体分为语法、词汇、拼写、语用、语音和母语6个方面。学习者对不同的语言形式的关注程度有所不同,具体可以体现在以下3个方面。

一是语法问题最受关注,其次是词汇问题。统计数据表明,学习者产生的语言形式聚焦,从语言形式来看,按照次数从高到低依次为语法、词汇、母语、语用、语音、拼写，次数分别为724、375、258、91、64和0，所占比例分别为47.9%、24.8%、17.1%、6.0%、4.2%和0%。

从次数的总体分布来看，本研究结果和国外学者的研究成果既有类似之处，也有区别。类似之处是国外研究者也发现语言形式聚焦主要集中在词汇或者语法方面，其他方面的语言形式聚焦比例偏小。而区别是本研究发现中国的学习者最重视语法方面的语言问题，这个结果和国外研究者的发现是不一致的。例如，肖恩·洛温调查了12个ESL课堂中语言形式聚焦的情况，结果发现词汇方面的语言形式聚焦占比最大（占比42.7%），其次是语法方面的语言形式聚焦（占比33.3%）。伊娃·奥尔康的研究结果也表明，学习者产生的语言形式聚焦中比例最高的是词汇方面（占比66.9%），其次是语法方面（占比24.2%）。中国学习者和国外学习者产生的语言形式聚焦在类型上存在差异的原因，可能是国内外不同的教学理念。中国长期偏重应试教育，英语教学也是其中的一部分。从小学、中学乃至大学的英语教学一直强调和重视语法教学，而且在各种类型的英语考试中也偏重对语法方面的测试。受此社会环境的影响，学习者也会自发地重视语法，具体体现在个人的自我纠正语法和他人帮助纠正语法。而国外的英语教学情况和中国不一样，他们没有过度偏重语法，而是注重语言的实际运用能力，而词汇直接影响着语言交际运用中观点的表达和意义的交流。例如，杰茜卡·威廉斯提出了"词汇中心论"，认为"在以意义为中心的二语课堂中，学习的中心是词汇，学习者关注的是语音凸显、高频词汇，而不会去关注形态句法学等方面的特征，由于它们对理解不起主要作用"。因此，国外英语学习者最重视词汇这种语言形式，相应地他们产生的词汇方面的语言形式聚焦也多于语法方面的语言形式聚焦。这种差异也体现出国内外学习者在学习文化上的不同。值得一提的是，罗伊·利斯特和利拉·兰塔在研究中也发现语法方面的语言形式聚焦多于词汇方面的语言形式聚焦，而且语法方面的语言形式聚焦几乎是词汇方面语言形式聚焦的两倍。但是，罗伊·利斯特和利拉·兰塔的研究中选取的仅仅是反应型语言形式聚焦，忽略了先导型语言形式聚焦。反应型语言形式聚焦和先导型语言形式聚焦相比，从本质上来看，反应型语言形式聚焦更隐晦和间接，不太适宜产生词汇方面的语言形式聚焦，而适宜产生语法方面的语言形式聚焦。而词汇方面的语言形式聚焦通常需要清楚和直接的阐明，而且常常是由学习者主动询问而产生的，这样的语言形式聚焦通常属于先导型。罗伊·利斯特和利拉·兰塔的研究中没有将先导型语言形式聚焦纳入研究范围，导致了研究结果中语法方面的语言形式聚焦次数远多于词汇方面的语言形式聚焦。

国内学者就语言形式聚焦开展的实证研究数量极少，在仅有的几项实证研究中，王蓓蕾在研究大学英语课堂任务后的生生互动中，发现语言形式聚焦共计32次，依次为词汇（15次）、语法（11次）和发音（6次）。从此研究结果来看，词汇问题最受学习者关注，但是该研究样本小，语料来源是仅有70分钟的课堂互动录音，而且研究范围仅限于反应型语言形式聚焦，不包括先导型语言形式聚焦，因此该研究结果并不具有普遍的代表性。

二是学习者常借助母语实现小组交流目的。本研究还发现，在语言形式聚焦中，学习者使用母语的情况比较普遍，占比高达17.1%。这说明学习者在小组交流过程中遇到语言障碍时，容易借助母语这种便利的语言手段来进一步商议或询问，让小组讨论能顺利进行下去。国外研究者也有类似的发现，在他们的研究中学习者在使用二语完成交际任务时，常借助一语来表达和语言形式相关的内容。学习者常借助一语这种语言资源来解决语言困难，是为了尽量减少会话交流被中断的现象发生。虽然有些学者认为，对学习者来说，一语是一种有效的手段，它不仅有利于语言的元认知，而且对语言水平低的学习者来说尤其有用。使用一语能让学习者继续完成口语任务，但是大量使用一语也有负面作用。负面作用是，当学习者回避用目标语言来解决语言困难时，他们错失了通过商议语言形式和语言意义而带来的语言水平提高的机会。

在访谈中，受访者谈到了在小组讨论中借助母语进行交流的原因，如S5反映"有时候遇到不会说的单词，但是我不知道如何用其他词来代替，而且有些单词也无法用手势语来表达，所以只能直接使用汉语来表达，这样小组讨论就不会被打断"。有的受访者，如S16表示"有的时候，其他组员在表达时突然中止了，我觉得可能是因为某个单词不会了。为了避免他的尴尬，我会根据他刚才说的话，直接说出他可能要说的那个单词，这样小组讨论就可以继续下去了"。还有的受访者，如 S2 提出"我遇到不会表达的英语单词，就直接在句子中用中文来代替，因为小组讨论时间有限，我们不可能因某个单词耽误太多时间"。根据上述观点，我们可以判断，在小组讨论中使用母语的主要目的是为了交流的持续进行，也就是说学习者借助母语实现小组交流的目的。

三是学习者对语用、语音、拼写问题的关注度低。

本研究发现学习者对语用问题的关注仅为 6%，此结果表明学习者对语用问题的关注度低。国外学者也有类似的发现，如罗德·埃利斯等发现在课堂环境下学习者较少产生语用方面的语言形式聚焦，对语用问题的关注偏低。学习者普遍对语用问题关注度低的原因可能与语用知识、语法知识的发展顺序相关。在语用知识和语法知识发展的顺序与关系上，加布里埃拉·卡斯珀（Gabriela Kasper）和肯尼斯·罗斯（Kenneth Rose）提出的观点是，二语学习者存在着两种似乎矛盾的倾向，一种是语用优先于语法，另一种是语法优先于语用。语用优先观认为，成人在习得第二语言时已经有了足够的母语语用能力，基本掌握了母语的语用原则，如合作原则、礼貌原则等普遍的语用知识和语用能力，在语言使用过程中毫无疑问会受母语语用知识和语用能力迁移作用的影响。但是，如果二语学习者是已经"有了一定语法知识"的更高水平的学习者，那么语用和语法的习得顺序有可能出现颠倒的趋势，即语法先于语用。当学习者利用所具备的一定的语法知识实施语言行为时，由于语用语言和社会语用方面的差异，常常出现语用失误。他们还分析了出现语用失误的三种原因，分别是语法知识不能确保语用语言的使用，语法知识不能产生目标语中常规性的语用语言形式，语法和语用语言知识不能产生目标语中恰当的社交语用形式。在我们的研究中，中国大学英语课堂中的学习者也属于"有了一定语法知识"的学习者，也会出现语法优先于语用的现象。受到母语及其文化的负迁移的影响，中国学习者容易出现语用错误。比如，本研究在对数据进行整理的过程中，研究者们就发现学习者经常使用"I think"作为句子开头来陈述自己的观点,这样的例子不胜枚举,如下列出的例1就是其中之一。在例1中,学习者频繁地使用"I think"来表达自己的观点,甚至在已经使用"in my opinions"这种同义表达之后仍使用"I think"表达自己的观点。学习者过度滥用"I think"这种最常见的公式化表达,在语用方面将它过分引申为一种认知表达式。"I think"的非规约性表达产生的原因是母语的负迁移,母语强化了"I think"这一惯用法在语义、句法认知处理方面的特征,使"I think"成了中国学习者钟爱的认知标记。中国学习者长期接触的是偏重语法的英语教学,英语学习以应试为主要目的,不仅语用知识甚微,而且语用方面的意识欠缺。另外,中国英语教师也受"考试杠杆"的影响,在英语教学中不太重视语用知识的讲授和引导,因此由于自身语用知识的欠缺和教师对语用知识的不重视,在小组会话过程中学习者对自身或他人在语用方面存在的问题很难察觉,导致学习者较少关注语用方面的问题。

例1:*Episode* 815

S33:*So do you have some methods to do that?*

S34:*I think we must be cautious when we need to submit some crucial information. For example, we ··· If a website asks us to submit ID card number, then we must pay attention to it. If we don't know this submit ··· Whether this website is safe, we shouldn't believe it.*

S33:*I'm totally agree with you. I think, er, we should we should be selective to what you what you, we will prepare to pose on the internet. Just some pictures and and some, just some pictures like, we pose some some pictures just involve our id numbers, we should edit it. Just paint some dots, just paint it, just cover the privacy private information, like id numbers and.*

S33:*Address?*

S34:*Yeah, address.*

S35:*I can't agree more. In my opinions, I think when we surf the internet, when we need to, we need to complete some information, don't reveal your personal information easily.*

本研究结果表明,语音方面的语言形式聚焦次数较少,仅占4.2%。我们发现语音方面的语言形式聚焦主要集中在单词的重音和地方口音的干扰。学习者对语音问题关注度低的原因可能是语音问题不太影响小组互动中意义的交流。作为非英语国家的语言学习者,学习者都或多或少存在着发音不够纯正标准的问题,因此彼此对语音问题的态度显得比较宽容和理解。

本研究发现学习者产生的与拼写相关的语言形式聚焦次数为0。国外研究者统计的结果中,拼写方面的语言形式聚焦次数也非常少,如伊娃·奥尔康的研究中,拼写方面的语言形式聚焦最少,在459例语言形式聚焦中仅占1.3%。由此我们可以判断,学习者在口语交流中,不重视对英语单词的准确拼写。这个可能是因为拼写不太影响学习者在口语环境下的意义交流。值得一提的是,据研究者的课堂观察,学习者在小组讨论中存在用笔将单词拼写在纸上用于交流的现象,而标注语料的研究者在收集的课堂小组录制音频中,无法识别在纸上所表现的拼写语言形式聚焦。这可能是造成拼写方面语言形式聚焦次数为0的另一个原因。

4. 学习者产生语言形式聚焦的方式以自我引发为主

本研究发现,学习者产生的语言形式聚焦,从发起方式来看以自我引发为主。自我引发的语言形式聚焦次数为1002,所占比例为66.3%;他人引发为510次,所占比例为33.7%。这个数据结果是和上述分析中"学习者产生的语言形式聚焦以先导型为主"保持一致、互为因果的。学习者比较关注自己语言的准确性,在自我陈述观点的过程中,能自我察觉所犯的语言错误,并及时进行自我纠正,尤其是语法方面的自我纠正。同样,这也是因为在中国的应试教育环境下,学习者长期形成的一种重视和强调语法的准确性的习惯。举例来说,研究者在标注语言形式聚焦片段时发现,学习者在下列语法方面的纠错意识很强。比如,当主语是复数时,谓语"be"动词应该用"are"的自我纠正(详见例2);当主语是第三人称单数时,谓语动词需加"s"或"es"的自我纠正(详见例3);过去时态中谓语动词的正确用法(详见例4);名词复数是应在名词末尾处加上"s"或"es"（详见例5）；应该是选用人称代词"he"还是人称代词"she"的自我调整（详见例6）。除此之外，还有词性的正确选用（详见例7）等。

例2：*Episode* 360

S13：*That's too boring to me.*

S14：*But <u>some strangers is</u>…When some…when <u>strangers are</u> asking you for your information, we can just refuse. That's what we should do.*

S13：*I don't agree.*

例3：*Episode* 118

S25：*Um, she, mm, however she doesn't learn music when she was young, but, she <u>make makes</u> great achievements in music. So I think, she is… she is one of a kind.*

例4：*Episode* 710

S35：*In Lu Xun's time. Er…the Chinese body is weak weak, so he <u>want wanted</u> to change this situation.*

S36：*So he wanted to be the doctor, and he went to the Japan.*

S35：*Yes, that's right.*

例5：*Episode* 1023

S10：*I think everyone has found that there are some <u>student, students</u> around you, they are very very hardworking, they do more exercises than you, they even copy your exercises books, but they always have lower grades.*

例6：*Episode* 970

S29：*He win Oscar and he was very happy very happy with it…*

S30：*Yes, I know the Chinese is"荒野猎人".*

S29：*And when <u>she he</u> take the small gold [small golden?]. <u>She he</u> is very excited.*

例7：*Episode* 1450

S39：*Today, I want to talk about the Disney is whether the Disneyland is good for China. For me, I think Disney is benefit for China. When it comes to advantages about*

Disneyland, happy happiness comes to my mind.

5. 学习者产生的语言形式聚焦的次数受语言水平的影响

本研究的数据结果显示，语言水平高、较高、中、低的学习者产生的语言形式聚焦次数分别为 598、444、310、160，所占的比例分别为 39.5%、29.4%、20.5%、10.6%。虽然不同语言水平的学习者都产生了语言形式聚焦，但是产生的语言形式聚焦次数受学习者语言水平的影响。具体来说，语言水平高的学习者产生的语言形式聚焦次数多，而语言水平低的学习者产生的语言形式聚焦次数少。这个研究结果和杰茜卡·威廉斯的研究结果一致，杰茜卡·威廉斯也发现语言水平高的学习者产生的语言形式聚焦次数高。由此，我们可以得出结论，学习者产生的语言形式聚焦的次数受语言水平的影响，语言水平高的学习者比水平低的学习者更加关注语言形式。

国外学者的"权衡假设""技能习得理论"和"输入加工理论"都可以为上述现象提供理论依据。彼得·斯凯恩（Peter Skehan）提出的"权衡假设"认为，人类的注意力资源有限，对于二语学习者来说，注意力资源的分配就是一场内容和形式之间的竞争。当学习者的注意力资源达到极限时，学习者会自由分配注意力资源。在这种情况下，注意力资源就会被优先分配到内容上，而不是语言形式上。语言水平高的学习者对内容的理解比水平低的学习者所需要耗费的注意力资源少，因此，他们能够将更多的注意力资源分配到语言形式上。反之，语言水平低的学习者在理解内容上要耗费更多的注意力资源，因此，他们只能牺牲在语言形式上注意力资源的分配。同样，语言水平高的学习者产生的语言形式聚焦次数多的研究结果也印证了罗伯特·德凯塞（Robert DeKeyser）提出的"技能习得理论"，他认为学习者的语言水平发展同时，他们使用语言时的自动提取能力也相应地发展。语言水平高的学习者在语言使用时自动提取的能力越高，因此能将更多的注意力资源分配到语言形式聚焦上，因此，语言水平高的学习者能够比语言水平低的学习者产生更多的语言形式聚焦。比尔·范巴滕提出的输入加工理论认为，在语言交际过程中，学习者首先是加工语言的意思，然后才加工其他的内容，只有当加工语言意思没有耗费掉所有的注意力资源时，学习者才可能去加工语言形式等。语言水平高的学习者加工意思时所需要耗费的注意力资源比语言水平低的学习者少，他们能够将更多的注意力资源用来加工语言形式，因此，语言水平高的学习者相应产生的语言形式聚焦次数多，反之，语言水平低的学习者相应产生的语言形式聚焦次数少。上述"权衡假设""技能习得理论"和"输入加工理论"在本质上是相同的，都为解释"学习者产生的语言形式聚焦的次数受语言水平的影响"提供了理论基础。

6. 学习者的语言水平和语言形式聚焦的类型、语言形式、解决方式、解决结果具有显著性关联，而和发起方式、领会结果之间没有显著性关联

罗伊·利斯特和利拉·兰塔用"形式协商"这一术语来指学习者产生的纠正，他们认为，学习者的自行纠正比教师纠错更有用，因为学习者自行纠正包含了更多的认知加工的过程。另外，伊曼纽尔·谢格洛夫（Emanuel Schegloff）等认为，说母语的人喜欢采用自我纠正的方式。他还认为，语言能力不高的说话人，如儿童或二语学习者不太经常采用自我纠正的方式。然而，本研究结果和上述观点不相一致。本研究结果表明，虽然研究对象是外语学习者，不是说母语的人，但在小组讨论中无论语言水平高低，均大量采取自我纠正的解决方式。这个研究结果印证了国外研究者的研究结果，如保利娜·福斯特（Pauline Foster）和埃米·奥塔（Amy Ohta）在研究中发现，学习者通常采用自我纠正的方式来修正话语中的问题，而不是等他人更正。

学习者的英语语言水平与他们引发的语言形式聚焦类型之间存在着显著性关联，无论语言水平如何，学习者都倾向于引发先导型语言形式聚焦。学习者的语言水平和语言形式之间也存在显著性关联。语言水平高的学习者和语言水平较高的学习者引发的多数是语法方面的语言形式聚焦；中等语言水平的学习者和低等语言水平的学习者引发的多数是母语方面的语言形式聚焦。语言水平和解决方式之间存在着显著性关联。语言水平高的学习者多数采取提供的解决方式；语言水平较高的学习者多数采取自我纠正的解决方式；中等语言水平的学习者多数采取自我纠正的解决方式；低等语言水平的学习者多数采取询问的

解决方式。询问的解决方式出现在学习者意识到现有的二语知识水平出现"漏洞"的时候，因为"漏洞"的存在，学习者无法表达想表达的意思，因此学习者对包含了自己所需要的语言形式的输入比较敏感，或是从其他学习者那里寻求帮助。语言水平和解决结果之间存在着显著性关联。无论语言水平如何，多数语言形式聚焦被提供了正确的表述。学习者的英语语言水平和发起方式之间不存在显著性关联。同样，学习者的英语语言水平和领会结果之间不存在显著性关联。

从上述语言水平和语言形式聚焦各特征之间是否存在显著性关联的分析中，我们可以看出语言水平和语言形式聚焦的某些方面存在着显著性关联，如类型、语言形式、解决方式、解决结果。但是，语言水平和语言形式聚焦的其他方面并不存在着显著性关联，如发起方式和领会结果。由此我们可以看出，语言水平只是影响语言形式聚焦的诸多因素之一，将在第5章从社会文化的角度继续探讨影响语言形式聚焦的因素。

7. 语言形式问题在学习者的小组互动活动中能得到有效的解决和领会

在本研究中，在解决结果方面，提供正确表述、错误表述和未解决的次数分别为1411、52和49，所占比例分别为93.3%、3.4%和3.3%；在领会结果方面，被领会、未被领会和是否被领会不确定的次数分别为1152、196和164，所占比例分别为76.2%、13.0%和10.8%。本研究结果和罗德·埃利斯等的结果类似，罗德·埃利斯等在研究中发现有74%的语言形式聚焦能够被学习者领会。从这些研究结果我们可以看出，大部分语言形式问题在学习者的小组互动活动中能得到有效的解决和领会。虽然有些学者认为，领会并不一定等同于语言习得，但是语言学界普遍认为领会能促进语言习得。本研究结果也证明了由学习者主动引发的语言形式聚焦有利于语言形式的学习。学习者能主动引发语言形式聚焦，表明学习者能主动地参与和关注语言形式，而且自发引起的语言形式聚焦才是他们真正需要的，这样也才更有学习的动力。当学习者询问请求语言帮助时，他们就会更加关注随后的语言输入，这样能更好地注意到目标语言。产生语言形式聚焦的过程就表明了学习者对语言的需要，也表明他们已经从认知角度做好了学习目标语言的准备；小组互动任务中学习者会出现意义协商，这一过程也正是学习者在意义情境下关注语言形式，有助于其语言准确度的提高。从社会文化理论的角度来看，小组互动任务为学习者双方都提供了语言支架（scaffolding）。会话方产出的准确适当的语言形式可作为听话方的语言输入被仿效或加以利用，如对比会话方的话语从而纠正自身语言形式方面的错误，产生更准确的语言形式。在语言支架的帮助下，双方的口语准确度都得到了有效的提升，语言形式问题在学习者的小组互动活动中能得到有效的解决和领会。

4.4 本章小结

本章首先对小组互动中语言形式聚焦的特征进行了总体的描述性统计，包括语言形式聚焦各类别的次数和比例。其次探讨了语言水平与语言形式聚焦之间是否存在显著性关联，具体是从语言形式聚焦的类型、语言形式、发起方式、解决方式、解决结果和领会结果几个方面来进行分析。最后结合前面两部分的分析结果，归纳总结出大学英语课堂小组互动中的语言形式聚焦的特征。

在第 3 章中，我们介绍过本研究的数据来源于自然课堂，研究者没有采取任何措施或人为操纵来影响学习者语言形式聚焦的产生，包括语言形式聚焦的分布及各自相对应的次数，因此本研究对小组互动中语言形式聚焦特征的分析结果具有普遍性和代表性，能真实地反映目前中国大学英语课堂小组互动中语言形式聚焦的特征。根据我们的分析结果，大学英语课堂小组互动中语言形式聚焦的特征分别是：①学习者在小组互动中关注语言形式。在大学英语课堂中，中国学习者在没有教师参与小组讨论的情况下，也能自觉自发地关注语言形式。②学习者产生的语言形式聚焦以先导型为主。在小组讨论中，学习者在进行个人陈述时，比较注意语言的正确使用，在没有其他成员进行提示和纠正的情况下，也能自觉地对自己的语言进行修正。③学习者对各种形式的语言问题关注程度有所不同。从语言形式来看,学习者最重视语法问题,其次才是词汇问题。从一语的使用上来看,学习者常借助母语实现交流的目的。学习者对语用、语音、拼写问题的关注度低。④学习者产生语言形式聚焦的方式以自我引发为主。学习者比较关注自己语言的准确性,尤其是语法方面的准确性,在小组讨论过程中常常能自我觉察所犯的语法错误,并及时进行自我纠正。⑤学习者产生的语言形式聚焦的次数受语言水平的影响,语言水平越高,相应产生的语言形式聚焦的次数也越高。同样,语言水平低的学习者产生的语言形式聚焦也偏低。⑥学习者的语言水平和语言形式聚焦的类型、语言形式、解决方式、解决结果之间存在显著性关联,而和发起方式及领会结果之间不存在显著性关联。⑦语言形式问题在学习者的小组互动活动中能得到有效的解决和领会,这是因为学习者主动地参与和关注语言形式,从认知角度做好了学习目标语言的准备。

第5章 小组互动中语言形式聚焦的发展变化

本章主要回答研究中的第二个问题：大学英语课堂小组互动中的语言形式聚焦的发展变化是怎样的？本章内容有两部分：第一部分是对上、下两个学期中学习者在小组互动中语言形式聚焦的特征分别进行描述性统计，包括语言形式聚焦的总频次、语言形式聚焦的类别的次数，语言形式聚焦的类别分别是类型、语言形式、发起方式、发起者的语言水平、解决方式、解决结果和领会结果，通过比较上、下两个学期的数据统计结果，来厘清大学英语课堂小组互动中语言形式聚焦的发展变化情况。第二部分是根据第一部分的数据分析的结果，归纳总结出小组互动中语言形式聚焦发展变化的规律，并结合非结构性访谈的结果，分析语言形式聚焦发展变化的原因。本章是从历时的角度，对大学英语课堂小组互动中的语言形式聚焦进行研究。这不仅是对前人的语言形式聚焦多为共时研究的一种补充，拓宽和加深了语言形式聚焦研究的内容，而且是对第4章小组互动中语言形式聚焦的特征研究的细化。

5.1 语言形式聚焦发展变化的描述性统计

在本节中，我们将根据上、下两个学期学习者分别产生的语言形式聚焦的总频次，以及语言形式聚焦的类型、语言形式、发起方式、发起者的语言水平、解决方式、解决结果和领会结果等方面来统计各项数据的分布情况。下面我们将对各项数据统计结果进行详细分析。

5.1.1 语言形式聚焦总频次发展变化的统计结果

在第 4 章中，我们对两个学期的语言形式聚焦的总体情况的统计结果是课堂小组互动中的录音数据时长共计 26 小时，发现语言形式聚焦片段共 1512 次，平均每 1.03 分钟出现一次。在本章中，对上、下两个学期语言形式聚焦的总频次分别进行统计后，结果如下：上学期的小组互动的录音数据时长为 10 小时，发现语言形式聚焦片段共 477 次，平均每 1.26 分钟出现一次；下学期的小组互动的录音数据时长为 16 小时，发现语言形式聚焦片段共 1035 次，平均每 0.93 分钟出现一次，详见表 5.1。

表 5.1　上、下学期语言形式聚焦频次的统计结果

学期	时长（小时）	次数	频次（分钟/次）
上学期	10	477	1.26
下学期	16	1035	0.93

从表 5.1 中，我们可以看出，学习者在下学期小组讨论中的总时长是上学期时长的 1.6 倍，而且在下学期学习者产生的语言形式聚焦的次数是上学期次数的 2 倍。相应地，在下学期，学习者产生的语言形式聚焦的频次（0.93 分钟/次）远高于上学期（1.26 分钟/次）。上述统计结果说明，在下学期中学习者无论是小组讨论的总时长，还是语言形式聚焦片段出现的次数、频次都明显提高。研究者在整理和统计小组互动的录音数据时也发现，上学期的小组讨论单次平均时长约为 7 分钟，而下学期的小组讨论单次平均时长约为 11 分钟。

综上，我们可以看出学习者产生的语言形式聚焦的频次随着小组讨论时间的加长而呈现明显上升的趋势，语言形式聚焦产生的频次受小组讨论时长的影响。

需要说明的是，我们从表 5.1 可以看出，在上、下两个学期的大学英语课堂小组活动中，学习者小组讨论的时长区别较大，下学期较上学期增加了 6 个小时。由于上、下两个学期小组讨论时长的不均衡，仅比较上、下学期语言形式聚焦各方面的次数是不够的，因此我们在下面的小节中将通过百分比的数值结果来比较上、下学期语言形式聚焦的类型、语言形式、发起方式、发起者的语言水平、解决方式、解决结果和领会结果等方面的区别，从而探讨上、下学期语言形式聚焦的发展变化情况。

5.1.2　语言形式聚焦类型的发展变化统计结果

表 5.2 是上、下学期语言形式聚焦类型的统计结果。从表中我们可以看出，上学期学习者产生的反应型语言形式聚焦为 132 次、先导型语言形式聚焦为 345 次，所占比例分别为 27.7% 和 72.3%；下学期学习者产生的反应型语言形式聚焦为 374 次、先导型语言形式聚焦为 661 次，所占比例分别为 36.1% 和 63.9%。从上述数据我们可以看出，下学期学习者产生的反应型语言形式聚焦和先导型语言形式聚焦的次数都大幅上升，次数的增加是由学习者的小组讨论时间加长和频次的增加造成的。在比例构成上，上、下两个学期中，虽然先导型语言形式聚焦仍然是主要的构成部分，但是下学期中反应型语言形式聚焦略有增加，而先导型语言形式聚焦略有降低。

表 5.2　上、下学期语言形式聚焦类型的统计结果

学期	反应型		先导型		次数合计
	次数	比例（%）	次数	比例（%）	
上学期	132	27.7	345	72.3	477
下学期	374	36.1	661	63.9	1035

5.1.3 语言形式聚焦的语言形式发展变化统计结果

表5.3是上、下学期语言形式聚焦的语言形式分布统计结果。从表中我们可以看出，上学期学习者产生的语言形式聚焦在语法、词汇、拼写、语用、语音和母语方面的次数分别是210、101、0、42、30和94，所占比例分别为44.0%、21.2%、0%、8.8%、6.3%和19.7%；下学期学习者产生的语言形式聚焦在语法、词汇、拼写、语用、语音和母语方面的次数分别是514、274、0、61、22和164，所占比例分别为49.7%、26.5%、0%、5.9%、2.1%和15.8%。从上、下学期的数据对比中，我们可以看出，下学期学习者在语法、词汇、语用、母语方面的语言形式聚焦的次数都呈上升趋势，拼写方面的语言形式聚焦和上学期一样，次数为0，在语音方面的语言形式聚焦次数呈下降趋势。从上、下学期各种语言形式所占比例来看，比例的高低顺序保持不变，从最高到最低依次排列为语法、词汇、母语、语用、语音和拼写。但是，比较上、下两学期的每种语言形式的比例，我们发现语法的比例变化最大，下学期增加了5.7%，其次是词汇方面，下学期增加了5.3%，语音方面，下学期下降了4.2%，母语方面，下学期下降了3.9%，语用方面变化最小，下学期仅减少了2.9%。从中我们可以看出，在上、下两个学期中，虽然学习者对不同语言形式的关注度大体保持不变，但是在下学期学习者对语法和词汇方面的关注继续增加，而对母语、语音和语用方面的关注则相应减少。

表5.3 上、下学期语言形式聚焦的语言形式统计结果

学期	语言形式												次数合计
	语法		词汇		拼写		语用		语音		母语		
	次数	比例(%)	次数	比例(%)	次数	比例(%)	次数	比例(%)	次数	比例(%)	次数	比例(%)	
上学期	210	44.0	101	21.2	0	0	42	8.8	30	6.3	94	19.7	477
下学期	514	49.7	274	26.5	0	0	61	5.9	22	2.1	164	15.8	1035

5.1.4 语言形式聚焦发起方式的发展变化统计结果

表5.4是上、下学期语言形式聚焦发起方式的统计结果。从此表中我们可以看出,上、下学期由他人引发的语言形式聚焦次数分别是122和388;由自我引发的语言形式聚焦次数分别是305和647。上、下学期由他人引发的语言形式聚焦所占比例分别为25.6%和37.5%,由自我引发的语言形式聚焦所占比例分别为74.4%和62.5%。从以上数据我们可以看出,在上、下两个学期中,虽然自我引发的语言形式聚焦仍然是学习者发起语言形式聚焦的主要方式,但是在下学期中学习者由他人引发的语言形式聚焦较上学期增长了11.9%,而自我引发的语言形式聚焦较上学期减少了11.9%。

表5.4 上、下学期语言形式聚焦发起方式的统计结果

学期	他人引发		自我引发		次数合计
	次数	比例(%)	次数	比例(%)	
上学期	122	25.6	355	74.4	477
下学期	388	37.5	647	62.5	1035

5.1.5 不同语言水平引发的语言形式聚焦发展变化统计结果

表5.5是上、下学期语言形式聚焦发起者语言水平的统计结果。从表中我们可以看出,在上学期,高、较高、中和低语言水平学习者发起的语言形式聚焦的次数分别为214、156、64和43;而在下学期,高、较高、中和低语言水平学习者发起的语言形式聚焦的次数分别为384、288、246和117。在上学期中,高、较高、中和低语言水平的学习者发起的语言形式聚焦所占比例依次为44.9%、32.7%、13.4%和9.0%;在下学期中,高、较高、中和低语言水平的学习者发起的语言形式聚焦所占比例依次为37.1%、27.8%、23.8%和11.3%。从上述数据我们可以看出,上、下两个学期中语言形式聚焦产生的次

数均受发起者的语言水平影响，也就是说语言水平越高的学习者发起的语言形式聚焦次数越多。比较上、下两个学期，我们发现高语言水平的学习者和较高语言水平的学习者在下学期发起的语言形式聚焦呈下降趋势，高语言水平的学习者所占比例由44.9%下降至37.1%，较高语言水平的学习者所占比例由32.7%下降至27.8%；而中等语言水平的学习者和低等语言水平的学习者在下学期发起的语言形式聚焦则呈上升趋势，中等语言水平的学习者所占比例由13.4%上升至23.8%，低等语言水平的学习者所占比例由9.0%上升至11.3%。在这些上升和下降的变化中，中等语言水平的学习者的变化幅度最大，增幅为10.4%，而低等语言水平的学习者的变化幅度最小，增幅仅为2.3%。

表5.5　上、下学期语言形式聚焦发起者语言水平的统计结果

学期	发起者的语言水平								次数合计
	高		较高		中		低		
	次数	比例(%)	次数	比例(%)	次数	比例(%)	次数	比例(%)	
上学期	214	44.9	156	32.7	64	13.4	43	9.0	477
下学期	384	37.1	288	27.8	246	23.8	117	11.3	1035

5.1.6　语言形式聚焦解决方式发展变化的统计结果

表5.6是上、下学期语言形式聚焦解决方式的统计结果。从表中我们可以观察到，在上学期中，自我纠正、询问、提供和更正他人问题的次数分别是242、106、100和29，不同解决方式的次数由高到低排序，分别是自我纠正、询问、提供和更正他人问题；在下学期中，自我纠正、询问、提供和更正他人问题的次数分别是476、162、313和84，不同解决方式的次数由高到低排序，分别是自我纠正、提供、询问和更正他人问题。上、下学期相比，不同解决方式的次数从高到低排序，最高次数为自我纠正，最低次数为更正他人问题，

上、下学期保持不变。但是，提供和询问这两种解决方式，在上、下学期中排序有所变化。在上学期中，学习者更多地采取询问的解决方式；而在下学期中，学习者更多地采取提供的解决方式。从各解决方式所占比例来看，在上学期中，自我纠正、询问、提供和更正他人问题所占比例分别为50.7%、22.2%、21.0%和6.1%；在下学期中，自我纠正、询问、提供和更正他人问题所占比例分别为46.0%、15.7%、30.2%和8.1%。从占比数据中，我们可以看出，和上学期相比，学习者在下学期采取提供解决方式的比例由21.0%上升至30.2%，增幅为9.2%，增幅最大；在下学期中，询问和自我纠正的解决方式呈下降的趋势，询问从22.2%下降至15.7%，自我纠正由50.7%下降至46.0%，更正他人问题的解决方式的百分比略微上升，由6.1%上升至8.1%。综上所述，学习者在上、下学期的小组讨论中均倾向于采取自我纠正的方法，较少采取更正他人问题的方法。但是，在下学期学习者采取提供的解决方式的情况明显增加。同时，更正他人问题的解决方式较上学期有所增加，而询问和自我纠正的解决方式较上学期有所减少。

表5.6 上、下学期语言形式聚焦解决方式的统计结果

学期	解决方式								次数合计
	询问		更正他人问题		自我纠正		提供		
	次数	比例(%)	次数	比例(%)	次数	比例(%)	次数	比例(%)	
上学期	106	22.2	29	6.1	242	50.7	100	21.0	477
下学期	162	15.7	84	8.1	476	46.0	313	30.2	1035

5.1.7 语言形式聚焦解决结果发展变化的统计结果

表5.7是上、下学期语言形式聚焦解决结果的统计结果。从该表中我们可以看出，在上学期，提供正确表述、提供错误表述和未解决这三种不同的解决结果的次数分别为410、32和35，所占比例分别为86.0%、6.7%和

7.3%;在下学期,提供正确表述、提供错误表述和未解决这三种不同的解决结果的次数分别为1001、20和14,所占比例分别为96.7%、1.9%和1.4%。上、下学期相比,提供正确表述从86.0%上升至96.7%,增加了10.7%;提供错误表述从6.7%下降至1.9%,减少了4.8%;未解决由7.3%下降至1.4%,减少了5.9%。从上述数据我们可以看出,和上学期相比,学习者在下学期对于语言形式聚焦的解决结果更加准确,这不仅仅体现在提供正确表述的比例显著增长,还可以从提供错误表述和未解决的比例降低看出来。

表 5.7 上、下学期语言形式聚焦解决结果的统计结果

学期	解决结果						次数合计
	提供正确表述		提供错误表述		未解决		
	次数	比例(%)	次数	比例(%)	次数	比例(%)	
上学期	410	86.0	32	6.7	35	7.3	477
下学期	1001	96.7	20	1.9	14	1.4	1035

5.1.8 语言形式聚焦领会结果的统计结果

表5.8是上、下学期语言形式聚焦领会结果的统计结果。从该表中我们可以看出,在上学期,领会、未领会和未知这三种不同的领会结果的次数分别为269、110和98,所占比例分别为56.4%、23.1%和20.5%;在下学期,领会、未领会和未知这三种不同的领会结果的次数分别为883、86和66,所占比例分别为85.3%、8.3%和6.4%。上、下学期相比,领会所占的比例由56.4%上升至85.3%,增加了28.9%;未领会所占的比例由23.1%下降至8.3%,减少了14.8%;未知所占的比例由20.5%下降至6.4%,减少了14.1%。从上述数据我们可以看出来,和上学期相比,学习者在下学期对于语言形式聚焦的领会结果朝良性方向发展,这不仅仅体现在领会所占的比例大幅提升,也体现在未领会和未知所占的比例明显下降上。

表 5.8 上、下学期语言形式聚焦领会结果的统计结果

学期	领会结果						次数合计
	领会		未领会		未知		
	次数	比例（%）	次数	比例（%）	次数	比例（%）	
上学期	269	56.4	110	23.1	98	20.5	477
下学期	883	85.3	86	8.3	66	6.4	1035

5.2 分析与讨论

大学英语课堂小组互动中的语言形式聚焦的发展变化情况如下。

（1）在下学期中，语言形式聚焦次数明显增加，频次也相应增加。这是因为在下学期中学习者能更加积极地参与小组讨论，而且在小组讨论中也更加关注语言形式。研究者在实际课堂观察过程中发现，在下学期随着学习者对小组讨论这种课堂活动的适应，以及组员相互之间熟悉度和默契度的加深，小组讨论气氛融洽，上学期轮流发言的现象在下学期有所减少。小组讨论中各组员都能积极地参与课堂讨论，对话题的深入挖掘和讨论使谈话时间延长。有些小组甚至在任课教师宣布下课之后，还在继续进行交流，分享彼此的观点和看法。在访谈中，受访者也表达了类似的观点，如 S14 表示"下学期的小组讨论比上学期的讨论质量有所提高，一个明显的变化就是大家的话都变多了。上学期的小组讨论时间一般是六七分钟，下学期的小组讨论大概是十几分钟，但是总有很多可以继续说下去。有几次小组讨论延时太久，等结束后再赶去上后面的两节数学课时发现都没有座位了"。此外，S3 也表示："在下学期的小组讨论中，我觉得自己更自信了，在语言表达的流利性上有进步。我们的小组讨论的深度比上学期有所增加，大家知道如何延伸话题，思维比较扩散，因此在时间上下学期的小组讨论比上学期都要长。"综上，我们可以看出，小组互动中的语言形式聚焦产生的频次和小组讨论的时长密切相关，随着小组讨论时长的

增加，语言形式聚焦产生的频次相应增加。

（2）和上学期相比，学习者产生的反应型语言形式聚焦和先导型语言形式聚焦的次数都大幅上升。在两个学期中，反应型语言形式聚焦和先导型语言形式聚焦所占的百分比差异不大。在下学期，反应型语言形式聚焦略有增加，而先导型语言形式聚焦略有降低。这是因为在下学期学习者更重视相互之间的交流和互动，自述性的轮流发言现象有所减少。在访谈中，S10表示："上学期我们的发言经常是一个人一大段式的发言方式，但是下学期这种方式有所改变，大家的发言轮次变多，交流也更多了。"从反应型语言形式聚焦略有增加，而先导型语言形式聚焦略有降低的增减变化中，我们可以看出在小组讨论成员构成保持不变的情况下，成员之间经历了一个学期的磨合和接触，在下学期彼此更加熟悉和了解，小组活动中相互的交流增多，这也具体体现在产生的语言形式聚焦类型上，因此在小组讨论中产生的反应型语言形式聚焦相应增加，而先导型语言形式聚焦相应减少。

（3）和上学期相比，学习者对语言形式的关注度从高到低的排序仍然是语法、词汇、母语、语用、语音和拼写，但是对语法、词汇方面的关注有所增加，而对语用、语音和母语方面的关注有所减少。其中，语音方面的降幅最大，而语用方面的降幅最小。这可能是因为学习者的英语水平在下学期较上学期有所提高，更多的注意力可以被分配到最有代表性的语言形式上，即语法和词汇。而产生的母语方面的语言形式比例的降低，再次表明学习者的语言水平可能在下学期有所提高，如词汇方面的进步，可以更少地借助母语来表达自己的观点。而对语音关注度的降低，一方面是因为分组和小组成员均保持不变，对小组同伴发音的熟悉度和识别度提高，相应产生的语音方面的语言形式聚焦减少；另一方面可能是因为在下学期学习者的语音较上学期有所改进和提高，需要纠正或咨询的语音问题相应减少。学习者对语用的关注度偏小，上、下两个学期的差别不大。语用问题一直是学习者不够关注的语言问题。

（4）和上学期相比，在下学期他人引发的语言形式聚焦呈上升趋势，而自我引发的语言形式聚焦呈下降趋势。虽然自我引发仍然是上、下两个学期中学习者语言形式聚焦的主要发起方式，但是下学期小组成员在讨论中更加重视相互之间的交流，因此他人引发的语言形式聚焦呈增长趋势。这也是由于在下学期的小组讨论中，和上学期相比，学习者之间能更多地就语言形式进行商议、询问或纠正，小组成员之间的互动交流得到了加强。在访谈中，受访者S6反映"上学期有些组员的发音我很难听懂，但是为了不打断他的思路或者顾及他的面子，我就没有经常打断或者提问题，只有不懂装懂或者不发表任何意见。通过一个学期的适应，我差不多都能摸准其他组员的发音习惯，在理解上不存在太大的问题了。在下学期，我们小组之间的交流更多了，大家你一言我一语，有说不完的感觉"。

（5）在上、下两个学期的对比中，中、低语言水平的学习者在下学期产生的语言形式聚焦次数增加，而高、较高语言水平的学习者产生的语言形式聚焦减少。其中，中等语言水平的学习者变化最大，而低等语言水平的学习者变化最小，因此，我们可以看出中等语言水平和低等语言水平学习者在下学期的小组讨论中的表现较上学期更主动和积极。例如，S9表示："上学期的小组讨论中，我自认为水平较差，和组内的成绩好的同学不能相比，因此大多数时候保持沉默。在下学期的讨论中，我慢慢觉得用英语进行交谈不是那么困难，也敢于在讨论中提出自己的看法了。"从此我们可以看出，经过上学期小组讨论的锻炼，在下学期小组讨论中中、低等语言水平的学习者表现得更加自信，更能融入小组讨论。中等语言水平学习者的原语言水平相对而言偏弱，有更多提升的空间，低等语言水平学习者受原语言水平的限制，提升难度稍大一些，因此中等语言水平学习者发起的语言形式聚焦增幅最大，其次是低等语言水平学习者。在访谈中，研究者还发现有些小组中高等语言水平的学习者积极引导和鼓励水平稍低的学习者多发言，如S5表示"我在完成课后的转写作业时发现自己在小组讨论中说得太多了，后来就有意识地调整，自己少说，让别人多说，有时强迫他们多说。我希望我们的小组共同进步，也在尽力给他们多提供一些机会"。

（6）上、下学期相比，在解决方式方面自我纠正仍然是最主要的解决方式。学习者的自我纠正常常是和英语语法相关，由此可见，中国学习者在英语学习过程中重视英语语法的烙印根深蒂固。除此之外，在上学期学习者更多地采取询问的解决方式，而在下学期学习者更多地采取提供的解决方式。在下学期学习者采取提供、更正他人问题的解决方式的比例上升，而询问和自我纠正的解决方式的比例下降。这些结果都再次表明，随着下学期小组讨论互动性的加强，语言形式聚焦的解决方式也随之发生变化，和互动密切相关的更正他人问题、提供这两种解决方式所占比例增加。虽然询问也是和互动相关的一种解决方式，但是询问解决方式在下学期所占的比例不但没有上升反而下降，其原因可能是学习者的语言水平在下学期较上学期有所提高，需要通过询问方式得到的语言帮助的次数也相应减少。

（7）和上学期相比，在下学期学习者提供正确表述的比例增长，而提供错误表述和未解决的比例下降，因为在下学期随着学习者语言水平的提高，他们能更加有效地通过小组讨论解决语言形式的问题。在访谈中，受访者 S6 表示"我发现在小组讨论中出现的语言问题，大部分都能得到解决。比如，某个中文单词的英文说法，我们经过商量后，一般都能找到合适的英文表达。大家群策群力，很有效"。受访者 S18 也表示"下学期和上学期相比，觉得自己会表达的词汇增加了一些，卡壳的机会变少了，而且其他组员也都有进步。不管谁提出的问题，大多数都有人能答得出来"。

（8）较上学期而言，在下学期学习者对语言形式聚焦的领会所占的百分比大幅提升，对语言形式聚焦未领会和未知所占的百分比明显下降，因此，我们可以看出，学习者在下学期对语言形式聚焦的领会结果朝良性方向发展，语言形式的领会进一步加强，更能促进语言的习得。这个结果也是和上述 5.1.7 小节（语言形式聚焦解决结果发展变化的统计结果）保持一致的，即学习者在下学期能更加有效地通过小组讨论、学习和领会语言形式。虽然领会结果并不代表学习者已经习得该语言形式，但是领会是习得语言的一个重要的指示，因此，我们可以归纳出这样的观点，学习者在下学期语言形式的领会进一步加强，会进一步加深语言的习得。在访谈中，受访者 S2 表示："我发现如果我的语言错误被其他组员指出后,我的印象就特别深刻,而且在之后的表达中,如果遇到类似的语言问题时,我能够立即回忆起被指正过的内容,大多数情况下都能够做出正确的表达了。"

根据上述对学习者上、下学期中语言形式聚焦发展变化情况的归纳和总结,我们了解到随着下学期小组互动交流的加强,学习者产生的语言形式聚焦也发生了相应的变化。这具体体现在语言形式聚焦产生的频率方面,语言形式聚焦的次数和频次增加;在语言形式聚焦类型上,先导型语言形式聚焦呈下降趋势,而反应型语言形式聚焦呈上升趋势;在语言形式聚焦的发起方式上,他人引发的语言形式聚焦呈上升趋势,而自我引发的语言形式聚焦呈下降趋势;在语言形式聚焦的解决方式上,更正他人问题、提供这两种解决方式所占百分比增长。由于小组互动活动的持续进行,学习者之间的熟悉度渐增,对彼此的语音辨认能力提升,因此语音方面的语言形式聚焦也呈下降趋势。另外,语言水平的不同也造成了学习者产生的语言形式聚焦频次的不同变化情况。中等语言水平学习者有较大的语言提升空间,而低等语言水平学习者原语言水平过低,因此中等语言水平学习者发起的语言形式聚焦增幅最大,其次是低等语言水平学习者。

学习者语言形式聚焦发展变化的原因还可以用教育心理学中的"技能学习理论"(skill learning theory)进行阐释。罗伯特·安德森(Robert Anderson)认为,任何认知技能都必须经历由陈述性知识(declarative knowledge)到程序性知识(procedural knowledge)的转变。语言学习也是一种认知技能的学习,与其他认知技能学习类似,只有通过不断练习,才能促进陈述性知识的有效提取,并逐渐成为程序性知识的一部分。正常的语言产出所必需的条件就是程序化的语言知识。随着陈述性知识的提取速度的加快,语言错误就会随之减少,逐渐实现"自动化"。练习能强化已学的模式并使它们成为习惯或技能。一旦这些模式建立起来,它们就能抵制可能出现的心理中的任何矛盾的模式的干扰,学习第二语言时就会出现这种情况。伊丽莎白·加特波滕(Elizabeth Gatbonton)和诺曼·斯科洛维茨(Norman Segalowitz)也强调重复练习(repetition）对语言处理自动化所起的作用。从上述观点我们可以看出，在语言学习过程中练习是必不可少的，能够推动学习者对已部分习得的知识进行深层加工，再经过自我修正实现知识重构和内化。在本研究中，研究者为学习者提供了大量的练习机会。学习者的课堂小组讨论持续了一年时间，包括上、下两个学期，课堂小组讨论中，无论是自我引发的语言形式聚焦，还是他人引发的语言形式聚焦，都能帮助学习者在有意义的交际活动中关注到形式，促进学习者认知加工的深层发展，有利于在类似的交际环境中对语言知识的激活和提取，学习者能够利用有限的信息加工能力将注意有效分配，从而促进语言习得。这也解释了学习者在下学期语言形式聚焦的解决结果和领会结果较上学期有了更好的变化，即学习者提供正确表述的比例增长，而提供错误表述和未解决的比例下降，领会所占的比例大幅上升，未领会和未知所占的比例明显下降。

罗伯特·安德森将陈述性知识到程序性知识的发展划分为三个阶段：认知阶段、联想阶段和自主阶段。在认知阶段只有陈述性知识，陈述性知识以解释（interpretive）的方式提取，速度很慢。在联想阶段，既有陈述性知识，又有程序性知识，但提取速度仍不够快。这一阶段的行为会经常出现未受监控的错误（unmonitored errors）。在自主阶段，知识完全程序化了，且仍在不断提炼中，但已经不只是在节省时间这一意义上的进一步程序化和组合。在自主阶段，知识的提取速度加快。本研究中，通过上、下学期的小组互动活动的练习，学习者的语言学习过程也经历着从陈述性知识到程序性知识的发展变化，正如在访谈中过半的受访者均表示下学期语言表达上的流利性较上学期有了长足的进步。同时，上述观点中在陈述性知识向程序性知识发展变化的过程中，对知识提取的加速也可以解释上、下学期语言形式聚焦中的自我纠正仍然是最主要的解决方式，但是询问和自我纠正所占的比例较上学期呈下降趋势，学习者能从自己的知识储备中快速提取所需的语言形式，语言错误数量减少，因此造成询问和自我纠正的比例降低。同时，由于语言知识提取的加速，学习者借助母语达到交流目的的次数降低，因此产生母语方面的语言形式聚焦数量相应减少。

5.3　本章小结

　　本章首先是对上、下两个学期学习者小组互动中的语言形式聚焦的特征分别进行描述性统计，包括语言形式聚焦各类别的次数和所占比例。具体来说，描述性统计包括上、下两个学期的语言形式聚焦的频次、类型、语言形式、发起方式、发起者的语言水平、解决方式、解决结果和领会结果等方面。根据数据统计的结果，我们将大学英语课堂小组互动中语言形式聚焦的发展变化情况总结如下：学习者在小组讨论中，因为互动交流的程度加深，因此能更加关注语言形式，这不仅仅体现在语言形式聚焦的次数和频次明显增加上，也具体体现在他人引发的语言形式聚焦次数的增多和反应型语言形式聚焦次数的增多。互动和交流的增多也造成语言形式聚焦的解决结果和领会结果朝良性方向发展，语言形式的解决和领会进一步加强，更加有利于语言的习得。

第6章 影响语言形式聚焦的因素

　　国外研究者对语言形式聚焦的影响因素开展了大量的研究，研究成果表明影响语言形式聚焦的因素很多，包括学习者的语言水平、任务的复杂度、分组模式、参与结构类型、学习者的年龄差异等。上述因素都对语言形式聚焦的特征及次数产生了影响。这些研究大多数是从影响语言形式聚焦的外在因素为切入点的，但外在因素只是影响语言形式聚焦的一个方面。自然课堂上的小组互动中的互动本身，包括学习者的情感因素、环境因素等都会影响语言形式聚焦的产生、产生的频次和产生的方式。而学习者的内在因素包括学习者对小组互动的态度、对语言形式方面的错误的看法和做法、对同伴的态度，以及学习者自身个性上的差异等，学习者个人的、内在的这些认识和看法仅仅通过课堂观察和分析所收集到的课堂录音数据是无法获悉的。基于上述考虑，我们设计了问卷调查，拟从社会文化的角度来开展影响语言形式聚焦的因素的研究。首先我们对研究对象进行了问卷调查，然后基于问卷调查的结果对部分问卷调查对象进行访谈，通过上述定性和定量相结合的研究方法，来探究影响中国大学生小组互动中语言形式聚焦的因素。本章主要分为三个部分：第一部分我们详细列出问卷调查的结果，通过因子分析和相关分析的方法，找出影响学习者语言形式聚焦的共同因子；第二部分在问卷调查结果的基础上，结合对部分被试者进行一对一的非结构性访谈的结果，来分析讨论影响语言形式聚焦的因素；第三部分根据前面两部分的分析结果，对本章进行小结。下面我们将详细阐述这三个部分的具体内容。

6.1 结果

6.1.1 正式问卷因子分析结果

正式问卷的调查时间是 2016 年 6 月，被试者是来自华中地区某重点高校非英语专业一年级（2015 级）学生，人数共 108 名。被试者分别来自材料控制、生物信息、金融学和医学 4 个不同的专业。发放调查问卷共 108 份，回收有效问卷 107 份，回收率为 99%。问卷回收后，研究者对数据进行了统计分析。首先，研究者对 20 个项目进行探索性因子分析。KMO 检验值为 0.833，大于 0.8；Bartlett 球形度检验结果中，近似卡方为 1243.317，df 为 210，p 值为 0.000（小于 0.05）。上述 KMO 检验值和 Bartlett 球形度检验结果表明，问卷题项的相关矩阵之间有共同因子存在，问卷调查结果适合做因子分析。其次，研究者对数据进行了主成分分析，提取共同因子，求得初始因子负荷矩阵，再用最大变异法求出旋转因子负荷矩阵，删减因子负荷小于 0.40 的项目。在两次因子分析后，所有项目的因子负荷均在 0.40 以上。研究者根据以下标准确定因子：因子的特征值大于 1，每个因子至少包含 3 个题项，最后确定了 4 个因子，详见表 6.1。

表 6.1 问卷题项及负荷量

因子	题项编号及表述	负荷	共同性
态度	1. 课堂小组互动提高了我口语表达的自信心	0.738	0.649
	2. 课堂小组互动增强了我学习英语的兴趣和动力	0.729	0.631
	6. 我认为课堂小组互动对提高英语水平没有帮助（N）	0.726	0.583
	13. 在课堂小组互动中，与小组其他成员的交流能拓宽我的知识面	0.681	0.562
	14. 在课堂小组互动中，与小组其他成员的交流能拓展我的思维能力	0.645	0.514

续表

因子	题项编号及表述	负荷	共同性
环境	3. 我认为在课堂小组互动中学到的东西印象特别深刻	0.817	0.754
	4. 我认为与小组其他成员交流时感到很放松	0.746	0.701
	5. 我认为课堂小组互动能提供更多练习英语的机会	0.581	0.580
	7. 我认为相对于教师提供的反馈，学生为彼此提供的纠正更具有针对性	0.538	0.524
	11. 在课堂小组互动中，小组成员之间没有充分的互动交流（N）	0.526	0.510
	12. 我和小组成员之间关系融洽	0.435	0.477
行动	10. 在课堂小组互动中，我意识到自己有语言错误时立即进行自我纠正	0.668	0.593
	15. 在课堂小组互动中，我不会用英语表达时，小组其他成员给我提供了语言帮助	0.663	0.500
	16. 在课堂小组互动中，小组成员之间相互纠正有利于英语学习	0.650	0.587
	17. 在课堂小组互动中，我会当场纠正小组其他成员的语言错误	0.621	0.445
	18. 在课堂小组互动中，小组其他成员能当场纠正我的语言错误	0.518	0.545
	20. 我有意识地模仿小组其他成员好的英语表达	0.415	0.472
个性	8. 我不能接受小组其他成员纠正自己的错误（N）	0.686	0.578
	19. 我更喜欢在课堂小组互动中被小组成员纠正，而不想在全班面前被老师纠正	0.661	0.534
	9. 课堂小组互动中我很在意小组其他成员的看法	0.527	0.547

注：题项后标注"N"的为反向题。

从表6.1和表6.2可以看出，4个因子的特征值都在1以上，4个因子累计解释的方差达到了51.002%，较好地解释了整个量表的方差。题项的最高负荷为0.817，最低负荷为0.435，因子负荷均在0.40以上，因此，可得出该问卷有较好的结构效度的结论。根据问卷题项的具体内容及各题项所表现的特征，我们对各个因子进行了命名，因子1中的项目包括小组互动提高口语表达的自信心、小组互动增加学习兴趣和动力、小组互动提高英语水平、小组互动拓宽知识面、小组互动拓展思维能力，将其命名为"态度"；因子2中的项目包括小组互动中学习到的东西印象深刻、小组内交流感觉放松、小组互动提供练习英语的机会、小组互动中成员的纠正有针对性、小组互动交流充分、小组内成员关系融洽，将其命名为"环境"；因子3中的项目包括犯错立即自我纠正、小组内成员提供语言帮助、相互纠正有利于学习、当场纠正他人、错误当场被他人纠正、模仿他人好的表达，将其命名为"行动"；因子4中的项目包括接受别人纠正错误、接受在组内被纠正、在意别人的看法，将其命名为"个性"。

表6.2 各因子的特征值、解释方差和累计方差

因子	标签	特征值	解释方差	累计方差
因子1	态度	6.076	28.934	28.934
因子2	环境	2.025	9.641	38.575
因子3	行动	1.354	6.449	45.024
因子4	个性	1.255	5.978	51.002

在完成正式问卷的效度检验后，我们对正式问卷调查的各因子的内部一致性系数和问卷整体内部一致性系数进行了检验，检验结果详见表6.3。从表6.3可以看出，问卷整体内部一致性的Cronbach α 系数为0.734，"态度"的内在一致性为0.735，"环境"的内在一致性为0.746，"行动"的内在一致性为0.740，"个性"的内在一致性为0.706。从上述数据检验结果，我们可以看出该量表的整体内在信度较高，而且各因子的内在信度也达到了可接受的信度水平，各因子的内在一致性较好。

表6.3 问卷内部一致性检验结果

因子	标签	Cronbach α 系数
因子1	态度	0.735
因子2	环境	0.746
因子3	行动	0.740
因子4	个性	0.706
问卷整体内部一致性系数		0.734

从表6.4可以看出,被试者的影响语言形式聚焦因子的平均值为3.9188,其中态度因子的平均值最高,其次是环境因子和行动因子,平均值最低的是个性因子,也就是说语言形式聚焦的4个影响因子中态度因子分值最大,环境因子次之。

表6.4 语言形式聚焦影响因子的描述性统计

因子	平均值	总平均值	标准差	最大值	最小值
态度	4.1250	20.6250	3.14347	25	13
环境	4.0417	24.2500	2.65784	29	17
行动	3.6667	22.0000	3.27383	29	16
个性	3.8333	11.5000	1.76867	15	8
因子总体	3.9188	78.3750	7.56404	93	62

6.1.2 语言形式聚焦影响因子与语言形式聚焦次数的相关分析结果

为了回答本研究的第三个问题,即"影响语言形式聚焦的因素",我们对材料控制专业班级和生物信息专业班级的40名学习者的问卷调查结果与他们在小组互动中产生的语言形式聚焦次数进行了相关分析。这40名学习者也是本研究的第一个问题"大学英语课堂小组互动中的语言形式聚焦的特征"和第二个问题"大学英语课堂小组互动中的语言形式聚焦的发展变化情况"的研究对象,参与了课堂小组互动活动,是课堂小组互动录音数据的来源对象。由于问卷调查是在下学期期末时进行的,我们仅统计这40名学习者在下学期课堂小组互动中产生的语言形式聚焦的次数,这40名学习者以S1,S2,…,S40命名,具体统计结果见表6.5。

表6.5 学习者语言形式聚焦次数的统计结果

学习者	次数	学习者	次数	学习者	次数	学习者	次数
S1	13	S3	32	S5	20	S7	5
S2	48	S4	35	S6	73	S8	20

续表

学习者	次数	学习者	次数	学习者	次数	学习者	次数
S9	24	S17	15	S25	11	S33	32
S10	10	S18	15	S26	6	S34	26
S11	50	S19	42	S27	13	S35	6
S12	15	S20	84	S28	8	S36	12
S13	30	S21	10	S29	38	S37	8
S14	10	S22	42	S30	19	S38	20
S15	17	S23	45	S31	68	S39	12
S16	43	S24	25	S32	7	S40	26

研究者通过皮尔逊相关分析检验语言形式聚焦的影响因子与语言形式聚焦次数的相关性。从表6.6可以看出，4个影响因子及总体与语言形式聚焦次数均呈显著性正相关。4个因子中，环境因子与语言形式聚焦次数的正相关系数最大，其次为态度因子；因子总体与语言形式聚焦次数相关系数高达0.626。

表6.6　语言形式聚焦的影响因子与语言形式聚焦次数的相关分析

相关检测		态度因子	环境因子	行动因子	个性因子	因子总体
语言形式聚焦次数	皮尔逊相关系数	0.454**	0.479**	0.404**	0.400*	0.626***
	双尾检测	0.003	0.002	0.01	0.011	0.000
人数		40	40	40	40	40

* 表示在0.05水平上有显著性差异；** 表示在0.01水平上有显著性差异；*** 表示在0.001水平上有显著性差异。

为了进一步检验哪些影响因子对语言形式聚焦次数具有显著性预测性，研究者以4个因子为预测变量，以语言形式聚焦次数为因变量，通过逐步进入方式进行回归分析。表6.7显示，环境因子、个性因子和行动因子都进入模型。模型中的R^2决定系数为0.230，说明环境因子、个性因子和行动因子能联合解释语言形式聚焦次数23%的方差；F值为11.331，p值为0.002，说明回归模型具有显著意义。以上数据表明：语言形式聚焦构造因子中的环境因子、个性因子与行动因子和语言形式聚焦次数存在线性回归关系，回归模型为：语言形式聚焦次数 = -123.938 + (2.635 × 环境因子) + (4.018 × 个性因子) + (1.805 × 行动因子)。该模型表明：语言形式聚焦影响因子中的环境因子、个性因子与行动因子对语言形式聚焦次数具有显著预测作用，其中对语言形式聚焦次数影响最大的是个性因子，其次是环境因子，最后是行动因子。

表 6.7 多元回归分析结果

模型	非标准化相关系数		标准化相关系数	t 值	p 值	共线性数据	
	偏相关系数	标准误	Beta 值			容忍度	VIF 值
常数项	-123.938	28.055					
环境因子	2.635	0.937	0.364	2.811	0.008	0.919	1.089
个性因子	4.018	1.356	0.369	2.963	0.005	0.992	1.009
行动因子	1.805	0.758	0.307	2.381	0.023	0.926	1.080

注：$R^2 = 0.230$；adjusted $R^2 = 0.209$；$F = 11.331$；$p = 0.002$。

6.2 分析与讨论

研究结果表明，影响语言形式聚焦的因素有 4 个因子，分别是态度因子、环境因子、行动因子和个性因子，4 个影响因子及总体与语言形式聚焦次数均呈显著性正相关，回归分析进一步表明影响因子中的环境因子、个性因子与行动因子对语言形式聚焦次数具有显著预测作用。下面我们将结合非结构性访谈的结果，分别从态度因子、环境因子、行动因子和个性因子这 4 个方面逐一进行分析。

6.2.1 态度因子

从态度因子来看，它是语言形式聚焦的 4 个影响因子中平均值最大的一个。在访谈中，我们了解到受访者普遍对小组互动活动保持积极正面的看法，如受访者S11反映"经过为期一年的课堂小组互动交流，我用英语表达时的自信心、流利度和准确度得到了很大的增强。虽然还是存在着不少错误，和其他同学比还有很大的差距，但是和上学期自己的表现相比已经得到了很大的提高"；受访者S8也表示"我感觉和自己比还是有点进步的，然后和别人比，别人也在进步。在说的时候特别是下学期的最后两三次小组讨论，和以前相比进步挺大的"。研究者发现，在20个受访者中，对小组互动活动持正面看法的受访者为20人，占总受访人数的100%。从此结果我们可以看出，小组互动活动的积极作用得到了学习者的普遍认可。这个结果和前人的大量研究结果一致，如菲利普·尼克尔斯（Philp Nichols）对成人英语学习者的调查、蒂姆·罗斯卡姆斯（Tim Roskams）对中国香港地区大学生的调查、伊坤·卡乌（Ichun Kuo）对在英国留学的英语学习者的调查，在他们的研究中各类型的学习者均对小组互动活动表示肯定。也有少数研究者得出了不同的结论，如凯特·金塞拉（Kate Kinsella）和马丁·海德（Martin Hyde）的研究发现，学习者对小组互动和生生结对持保留意见。我们认为，学习者对小组互动的认识的区别，可能是由于不同的学习环境（二语环境或外语环境）和学习者自身的不同构成特点（成人学习者或非成人学习者）等因素造成的。

从本研究中受访者对小组互动活动的正面认识，我们可以印证活动理论中关于人的心理发展与人的外部活动是辩证统一的观点。活动理论属于教育心理学，其主要观点为学习者在完成某项任务时的表现的变化是由学习者个体对该任务的定位引起的。学习者会根据自己的需求和目标对活动进行定位，这种需求和定位既不能被外部定义，也无法预先约定。如同维果茨基所提出的，言语的形成离不开人的心理意象，要了解学习者产生某种言语或行为的原因，就要考虑他们相应的认识和看法。我们对研究结果进行解释时，从研究对象对活动的认识方面进行考虑是很有必要的。即使是在同样的课堂上，不同的学习者对活动的认识也是不尽相同的。本研究结果为上述理论提供了切实的证据。无论是在一语自然习得的过程中，还是二语或外语习得的过程中，互动对学习者的语言学习都起着重要的作用。学习者对互动活动认可，学习态度和目标明确，就有可能在小组互动中以行动表现出来，这种表现就可能体现在对语言形式的关注上，而对语言形式关注就会相应产生语言形式聚焦。综上所述，态度因子影响学习者语言形式聚焦的产生。

6.2.2 环境因子

从环境因子来看，由4个成员组成的课堂小组也形成了一个小型的语言环境，小组内成员之间的熟悉度、关系融洽度也影响着语言形式聚焦的产生。在一个氛围轻松、成员之间关系友好的小组环境中，学习者在心情放松的状态下可以进行自由愉快的交谈。例如，访谈中S7表示"我们小组4个人，通过一年的小组活动，课内、课外都在一起完成各项英语学习任务，在交谈过程中互相的了解更多，所以关系更加亲密，大家私底下都成了好朋友。小组交流时大家都很放松，偶尔还开玩笑，不知不觉时间就到了，但是还是觉得意犹未尽"。我们在研究中，从上学期到下学期均保持同样的分组，同一个小组内部成员保持不变，所以小组成员彼此之间熟悉度高。另外，在我们的研究中，分组的原则是按高、较高、中、低4种语言水平的学习者进行随机搭配组合，经过为期一年的小组活动的实践，在组内有可能逐渐形成了不同的小组互动模式，包括"专家新手型""主导被动型""轮流型"和"合作型"[1]。正如受访者S2在访谈中表示"我们小组有一个英语特别好的同学，他不但英语水平高，而且非常认真。每次他不只自己说得多，而且经常指出我们的错误。我们小组的谈话节奏都是由他掌握的，其他的组员包括我在内，都是跟随他的思路来进行交谈"。很明显，受访者S2所在的组属于"主导被动型"，在这种小组互动模式中组内水平高的学习者经常纠正其他成员的语言问题，主导谈话的节奏和内容，而其他成员也习惯于被他纠正并处于被动的地位。还有的受访者在访谈中认为自己所在小组具有"轮流型"小组互动模式的特点，如S13表示"我

---

[1] 寇金南. 中国大学英语课堂小组互动模式研究[M]. 北京：世界图书出版公司，2015.

的组员比较习惯轮流发言，每次的小组讨论中大家都按座位顺序以顺时针方向轮流发言，依次说出自己的观点。从上学期到下学期似乎形成了一种习惯，大家都很默契，每次交谈时都会习以为常地采取这种形式，偶尔也会插话打断或者主动询问某个单词的英语表达，但是总体形式是不变的"。不同小组在实施小组互动活动中，表现出不同的小组互动模式，小组内部环境的不同也影响着组员在小组互动中语言形式聚焦的产生。

6.2.3 行动因子

具体来说，行动因子主要包括学习者对小组互动中出现的语言形式错误（自己的或他人的）所采取的具体应对措施。在访谈中，有的受访者表示有时察觉不到自己或他人的语言错误。通过整理访谈记录，我们发现受访者察觉不到自己或他人的语言错误的原因主要包括"说急了，说得太快，口误造成的""说的时候太随意，没有注意语法""根本没有注意自己说话时的语法，并不知道是否有语法错误，因为一边说还要一边思考后面要说的内容""没有发现别人所犯的错误，是因为自己正在准备发言的内容，没有特别注意听别人的发言""有时候发言的人有口音或者说话太快，所说句子中生词太多、太难，我听不懂"。受访者的上述说法，和其他学者的研究发现基本吻合。学者们发现，学习者同时关注语言意思和语言形式存在一定困难。产生困难的原因是学习者工作记忆能力的有限性。正如彼得·斯凯恩的"权衡假设"中所提到的，学习者会优先考虑语言的某一方面，而牺牲语言的其他方面。比如，语言的意思优先于语言形式，或者在语言形式上语言的复杂性优先于语言的准确性。同样道理，因为工作记忆力的有限性，尤其是语言水平低的学习者，在理解会话意思的同时，会影响对语言形式的关注。

在小组讨论中的自我纠正方面，受访者表示"有时是因为说快了而造成口误，一犯错误我立刻意识到了，然后进行自我纠正""如果当时就意识到了错误，而且刚说出口，有时间纠正的就自我纠正，如果说了很长的话之后不便再纠正了,就不进行自我纠正"。在20名受访者中,有17名受访者表示只要自己能立刻意识到的语言错误,都会自行纠正。访谈中仅有3名受访者表示,不在意语言错误,觉得没有必要进行自我纠正。从此结果我们可以看出,大部分学习者都能自觉地关注语言形式的准确性,对自己产生的语言形式方面的错误一般都会采取行动,立即纠正错误。然而,在对待其他组员产生的语言方面错误,受访者采取了不同于对待自己的错误的做法。虽然大部分受访者都承认,有时能听出小组活动中他人产生的语言错误,但是在大多数情况下他们都愿意保持沉默,而不去主动纠正小组成员的语言错误。在20名受访者中,持这种观点的有15名,占大多数。受访者解释,不主动纠正他人错误的原因包括"打断别人的发言会影响他的思路,这样会显得不礼貌""纠正发言者的错误,会让发言者觉得难堪,特别是性格内向的同学""对于发言不多的同学,如果纠正错误过多,他们就更不敢发言了""我只知道有错误,有的时候自己没有把握纠正错误,有的时候自己也不知道如何纠正""有的时候是语法方面的错误,我也不知道如何用英语来解释或纠正语法方面的错误,所以只有保持沉默或放弃指出错误""都是中国人,即使别人犯错了,我也能猜出他要表达的意思""只要不影响理解,我可以接纳或忽略别人的一些错误的表达""对于别人犯的语法方面的错误,我不太关注或主动纠正,因为语法错误不影响理解意思,不影响交流""我觉得有些错误是由于别人说话时的疏忽造成的,犯错者会明白自己所犯的错误,没有必要进行纠正""课后我们有录音转写的作业,他们肯定能发现自己的错误,没有必要进行纠正""讨论时间有限,没有时间来纠正语言错误"。上述说法各异,但是这些说法也解释了我们在分析第一个研究问题"大学英语课堂小组互动中的语言形式聚焦的特征"和第二个研究问题"大学英语课堂小组互动中的语言形式聚焦的发展变化情况"时发现的两个现象:一是在语言形式聚焦的类型上,先导型语言形式聚焦的数量远远超过反应型语言形式聚焦;二是在语言形式聚焦的产生方式上,学习者自我引发的语言形式聚焦的数量远远高于他人引发的语言形式聚焦的数量。因为对他人的语言错误大多采取不纠正的解决方式,所以他人引发的语言形式聚焦次数相应偏少，而学习者自我引发的语言形式聚焦多数是对语言形式的商议和询问，这就造成先导型语言形式聚焦偏多。从访谈中受访者所说的上述不主动纠正别人错误的原因，我们可以看出，虽然二语研究领域已经有了足够的实证证明纠正性反馈对语言习得的促进作用，但是本研究中的受访者并没有意识到纠正性反馈对学习者的作用。

上述的受访者所说对待语言错误的具体做法，也体现出了中国学习者在学习文化方面的特色。中国学习文化强调的是集体意识，教育中以学习者被动地接受知识为主，知识的来源一般是有着权威地位的教师或者教材。学习者不擅于主动发言，不擅于挑战权威，也不擅于争辩。而西方的学习文化则强调培养学习者的交际能力和学习能力，西方学习者的个体意识较强，西方的教育形式通常包括交流互动、体验，以达到掌握知识的目的。西方学习者普遍注重口头交际，敢于大胆提问、质疑。西方的教学是以学习者为中心的。中国学习者所体现出来的学习文化，归根结底是源自中国的传统文化，以及受传统文化的长期熏染而形成的独特的国民性和民族文化特性。受中国传统文化的影响，中国人习惯容忍谦逊，凡事取中庸之道，不习惯当众质疑。中国大学生是代表中国民族文化的一类人群，也有着鲜明的中国文化特性，常常会出于一种维护面子的需要而营造出积极、正面的课堂文化氛围。这种民族个性也表现在中国大学生的语言学习过程中，尤其是处理他人的语言错误。本研究的发现也再次印证了这种民族特性和国民本性。这种民族特性和国民本性直接体现在小组互动中的语言形式聚焦上，尤其是语言错误的处理方式上，具体表现就是中国学习者不太主动纠正别人的错误，对别人的语言错误一般采取宽容、理解和接受的态度。

6.2.4 个性因子

从个性因子来看，在访谈中，大多数受访者表示不介意小组其他成员纠正自己的错误，如S15表示"我们都很熟了，不仅仅是同学，也是朋友。他们纠正我的错误，我觉得没有什么关系，这是在真心帮助我"；S5在访谈中也表示"同学纠正我的错误，我不会觉得难堪，不会觉得丢面子"。这些表述说明，受访者乐于接受其他成员对自己的纠错，但是这些说法与6.2.3小节中受访者不太主动纠正他人语言错误的做法似乎是不一致的，甚至有些自相矛盾。换句话说，也就是受访者自己的接受程度和别人对受访者接受程度的判断是不一致的。出现这种不一致的原因可能是在访谈中研究者的面前，受访者想尽量展现出自己好的方面，而不太愿意承认自己内心的真实想法。也有另外一种可能，就是这种不一致本身就是真实地存在着的。也就是说，虽然受访者内心能够接受其他组员的纠正，但是受访者本人却不太主动去纠正其他组员的语言错误。

研究者还发现，个性开朗大方的学习者更能坦然地面对自己的语言错误，接受别人指出自己的语言错误，在小组互动中也更能积极主动地参与讨论，更多地关注语言形式。相反，个性内向含蓄的学习者在小组讨论中经常充当聆听者的角色，发言较少，而且极少主动纠正他人的错误。而小组同伴顾及这种个性的学习者的心理承受能力，因而较少指出他们产生的语言形式方面的问题。

通过上述对影响语言形式聚焦的4个因子的逐一分析，我们可以看出，这些影响因子不仅是社会层面的，而且有个人层面的。从本质上看，这4个因子之间是相互关联的，态度因子、环境因子、行动因子和个性因子共同作用，从不同角度共同影响着学习者语言形式聚焦的产生及其次数。

在访谈中，受访者还补充了影响语言形式聚焦的一些其他因素。通过对访谈内容的整理，我们发现受访者补充的影响语言形式聚焦的因素包括以下5个方面。

一是讨论话题的难易程度。受访者表示："小组讨论中和我们的日常生活比较贴近的话题，就比较好说，但是有些话题难度比较大，不知道怎么展开。特别是关于高科技的一些话题，因为缺少相关专业知识的积累，以及相关的专业词汇的准确表达，大家都谈得比较浅。"在20名受访者中，有9名受访者提到了上学期组织的以"克隆"为主题的小组讨论，它是上学期第7次小组讨论的主题。9名受访者均表示在讨论"克隆的利弊"这个话题时，因为专业知识欠缺，并且专有名词的匮乏，不知该如何进行深入的讨论。9名受访者普遍反映，在这次话题讨论中交谈深度不够、不顺畅，学习者能表达的内容也较少。根据研究者的课堂观察，虽然在小组讨论之前的教学环节中，教师已按照正常的教学程序提供并讲授了大量与"克隆"相关的英语表达，但是学习者真正将这些表达运用于小组讨论，以及在此基础上对该话题进行深入的讨论，还存在着较大的困难。研究者再次回顾和分析了与该话题相关的录音数据后发现，在这次话题讨论中，学习者产生的语言形式聚焦的数量相对较少。由此我们可以看出，小组互动的任务类型的难易程度也对语言形式聚焦产生影响。这个结果和彼得·罗宾森的研究发现保持一致，彼得·罗宾森也认为任务的难易程度影响语言形式聚焦的产生。

二是小组讨论话题的敏感度也影响着学习者语言内容的产生，比较敏感的小组讨论话题使得学习者产生的语言内容较少，相应产生的语言形式聚焦次数也较少。比较敏感的小组讨论话题有可能会造成学习者负面情绪的产生，因此也会影响学习者在讨论中的积极性，也直接影响着语言形式聚焦的产生。在对20名受访者进行访谈的过程中，有6名受访者提到了下学期的一次关于"misfortune"的小组讨论，它是下学期的第2次小组讨论的主题。在这次小组讨论中，教师要求每个学习者描述自己的不幸。此话题的设置比较敏感和沉重，受访者表示讨论此话题时大家都不由得联想到自己曾经遭遇的各种不幸，讨论气氛比较压抑，有些性格比较内向的组员甚至不想谈论此话题，而尽量采取回避的方式。正如受访者S3表示"下学期的小组讨论中有一次是让大家谈论自己的不幸，我们都谈得很郁闷，越讨论气氛越沉重。不幸的事情每个人都遇到过，但是重新提起时大家都感觉很压抑，而且在别人面前谈论自己的不幸也觉得有点尴尬和拘谨"。从上面的陈述中我们可以看出，小组讨论话题的敏感度也影响着语言形式聚焦的产生。

三是小组讨论前的准备时间也是影响语言形式聚焦产生的另一个因素。因为准备时间不够充分，学习者在小组讨论中就容易出现更多的语言错误，所以会造成更多的自我纠正或他人纠正。在访谈中，受访者也同时表示，上学期小组讨论实施的前几次，由于习惯用纸、笔记录准备发言的内容，因此准备时间耗费较长，但是受课堂时间的限制，教师一般情况下会规定准备时间仅为5分钟左右，而5分钟的准备时间不足以写下所有准备陈述的内容。但是，随着小组讨论的继续实施，学习者对小组讨论的互动方式逐渐熟悉。从上学期中后期开始，学习者逐渐不再完全依靠纸、笔记录，而是采取了在头脑中整理思路的方式，或是用纸、笔记录一些关键词或简短提纲的方式来理顺思路，因此他们所需要的准备时间变短。无论如何，小组讨论前的准备时间仍是影响学习者在小组讨论中语言形式聚焦产生的因素。

四是自我转写也是影响语言形式聚焦产生的一个因素。例如，受访者S6在访谈中提到"每次课后的自我转写，我都能发现自己的各类语言错误，所以在之后的小组讨论中我会尽量避免犯同样的错误"；受访者S10也表示"我觉得课后的自我转写虽然工作量大，但是对我的英语学习帮助比较大。一些在口语表达时自己难以发现的错误，在转写时就很容易发现了，经常发现自己犯了一些很低级的语言错误，因此心里感到很惭愧，下次的讨论中会更加注意，尽量避免再次犯错"。对课堂录音进行自我转写属于任务后语言形式聚焦的一种具体形式，国外学者针对自我转写对二语课堂的作用开展了一系列实证研究，已经有研究成果证实自我转写对二语学习的作用，如托尼·林奇（Tony Lynch）比较了两种类型的转写效果，即学习者对任务录音进行转写并自行修改转写稿，教师对学习者任务录音中有错误的部分进行转写，再由学习者对该文字稿进行修改。结果显示，前者更能促使学习者聚焦于语言形式，从而提高语言运用的准确度。托尼·林奇认为，自我转写是一个对语言输出进行二次加工的过程，学习者自我转写比教师转写能更加有效地帮助学习者提高语言形式上的准确性。托尼·林奇还发现，学习者成对进行的合作型转写能鼓励其主动聚焦语言形式。本研究中，学习者对课堂录音进行课后自我转写，再由轮值组长核对后合成全组的小组录音文字稿上交。这也是一种学习者的合作型转写，能引导学习者主动关注语言形式，并巩固小组讨论中对语言形式聚焦后的持续效用，帮助学习者正确使用语言形式。

五是班级的学风也是影响语言形式聚焦的因素之一。20名受访者分别来自两个不同的专业（生物信息和材料控制）班级。研究者在访谈的过程中，明显地感觉到两个专业班级表现出来的不同的学习风气。例如，来自生物信息专业班级的S17提到"我们班同学学习都挺认真的，也挺爱学习的，平时上课缺课的现象极少。上英语课时，大家很喜欢这种讨论方式，也踊跃发言，经常谈得很尽兴，连下课铃声都没有听到"；而来自材料控制专业班级的S4则表示"我们班同学的来源比较复杂，有少数民族的学生，如侗族学生，他们的高考英语是采用全国二卷，和其他省份的同学相比，英语难度要低一些。还有读过预科班的学生，他们已经体验过大学生活，所以对大学生活没有那么多新鲜感和热情。整体来说，大家的学习积极性不高，有些同学还沉迷于网游，经常缺课。上学期的期末考试我们班同学不及格的情况不少，加权后的成绩在学院的同年级同学中倒数第一。我们院系和班主任在狠抓学风的问题，如上课要求上交手机，但是收效不太明显"。研究者比较了这两个专业班级各自的语言形式聚焦情况，发现生物信息专业班级产生语言形式聚焦的频次远远高于材料控制专业班级。学风和学习者整体的学习态度有关。优良的学习风气形成一种良好的氛围，在这种氛围下学习者之间互相影响、互相促进，一起朝着更好的方向发展。反之，则会造成学习的外部环境较差，并影响着学习者在学习过程中的各种表现，其中也包括英语课堂上小组互动中对语言形式的关注。

6.3 本章小结

本章从社会文化的角度，探讨影响中国大学生小组互动中语言形式聚焦的因素，采用的是定量（问卷调查）和定性（访谈）相结合的研究方法。研究结果表明，影响语言形式聚焦的因素有4个因子，分别是态度因子、环境因子、行动因子和个性因子，4个影响因子及总体与语言形式聚焦次数之间均呈显著性正相关。这4个影响因子不仅包括社会层面的，也包括个人层面的。从本质上看，这4个因子之间是相互关联的，态度因子、环境因子、行动因子和个性因子共同作用，从不同角度共同影响着学习者语言形式聚焦的产生及次数。回归分析进一步表明影响因子中的环境因子、个性因子与行动因子对语言形式聚焦次数具有显著预测作用。从对受访者的访谈中，我们还了解到小组互动中讨论话题的难易程度、敏感度，小组讨论前的准备时间、小组互动课堂录音的自我转写及班级的学风也影响学习者的语言形式聚焦的产生。

第 7 章 总结与展望

7.1 研究的主要发现

近 30 年来,语言形式聚焦一直是语言学界关注的热点,它是在以意义交流为主要目标的语言交际活动中对语言形式的关注,能够促进英语学习者交际能力和语言能力的同步发展,对二语习得的促进作用毋庸置疑。国内外研究者对语言形式聚焦开展了大量的研究,但是这些研究一般是在语言实验室中或通过准实验研究的形式展开的,其研究结果难以适用于正常教学环境下的真实的自然课堂。为了能对自然课堂教学产生实际的指导意义,我们把对语言形式聚焦的研究设置在语言教学的实际发生地,即自然课堂中进行。同时,为了贯彻语言交际课堂以学习者为中心的教学理念,我们将研究范围集中在学习者自身,关注课堂小组互动中学习者产生的语言形式聚焦的情况,包括语言形式聚焦的特征、发展变化情况,以及影响语言形式聚焦的因素。前人的语言形式聚焦研究普遍偏重于静态研究,但是语言学习是一个发展变化的过程,学习者产生的语言形式聚焦也不例外。我们对语言形式聚焦采取了历时研究和共时研究相结合的方法,这是对前人的语言形式聚焦偏于静态研究的补充和突破。

本研究的主要目的是探索中国大学英语课堂小组互动中的语言形式聚焦,研究对象是华中地区某重点高校非英语专业一年级的 40 名学生。首先,我们收集了学习者为期一年(上、下学期)的课堂小组互动录音和文字转写材料,从语言形式聚焦的类型、语言形式、发起方式、发起者的语言水平、解决方式、解决结果和领会结果这几个方面来统计、分析课堂小组互动中学习者语言形式聚焦的特征。其次，通过比较学习者上、下两个学期语言形式聚焦的不同特征，来归纳总结出课堂小组互动中语言形式聚焦的发展变化情况。最后，我们对研究对象进行了问卷调查，然后基于问卷调查的结果，对部分问卷调查对象进行访谈，了解课堂小组互动的具体实施情况。我们通过定性和定量相结合的研究方法，从社会文化的角度来探索课堂小组互动中语言形式聚焦的特征及其发展变化情况的原因，以及影响中国大学生课堂小组互动中语言形式聚焦的因素。具体来说，本研究主要有以下几个方面的发现。

（1）中国大学英语课堂小组互动中，学习者在没有教师参与小组讨论的情况下，也能自觉自发地关注语言形式。学习者产生的先导型语言形式聚焦的次数远远多于反应型语言形式聚焦的次数。一是因为中国学习者在小组讨论中，还缺少足够的互动和交流；二是因为先导型语言形式聚焦在本质上较反应型语言形式聚焦更清晰、直接，作为非母语使用者来说，中国学习者更倾向于采用这种清晰直接的方式来进行小组交流。学习者在个人陈述的过程中，比较注重个人的语言的正确使用，能自发地对自己的语言错误进行纠正和改进。与此相关的另一个直接影响就是学习者产生语言形式聚焦的方式以自我引发为主。学习者对不同形式的语言问题的关注程度有所不同，关注程度从高到低依次排序，分别是语法、词汇、母语、语用、语音和拼写。学习者比较关注自己语言的准确性，尤其是语法方面的准确性。这和中国学习者自幼接触的以应试为主的英语教育背景相关。学习者产生的语言形式聚焦的次数受学习者的语言水平的影响。语言水平高的学习者产生语言形式聚焦的次数多，而语言水平低的学习者产生语言形式聚焦的次数少。通过采用卡方独立性检验的方法进行分析，我们发现学习者的语言水平和语言形式聚焦的类型、语言形式、解决方式、解决结果之间呈显著性关联，而和发起方式、领会结果之间没有显著性关联。语言形式问题在学习者的小组互动活动中大多能得到有效的解决和领会。这和学习者主动地参与和关注语言形式有关，学习者主动产生的语言形式聚焦有利于语言学习。

（2）在对语言形式聚焦的历时研究中，通过对学习者进行为期一年（上、下学期）的跟踪调查，我们发现学习者在下学期中产生的语言形式聚焦的次数和频次较上学期有了大幅增加，其原因在于学习者在下学期更加积极地参与小组讨论，相互之间的互动交流增多，对语言形式的关注也相应加强。这不仅反映在学习者在下学期产生的反应型语言形式聚焦次数增加，而先导型语言形式聚焦次数减少，也反映在虽然自我引发仍是上、下两个学期的主要发起方式，但是在下学期由他人引发的语言形式聚焦呈上升趋势，而自我引发的语言形式聚焦呈下降趋势。研究结果还表明，学习者对不同语言形式的关注度在上、下两个学期大体相同，从高到低依次是语法、词汇、母语、语用、语音和拼写。上、下两个学期相比较，在下学期学习者对语法、词汇方面的关注继续增加，而对语用、语音和母语方面的关注则相应减少。其中，语音方面的降幅最大，而语用方面的降幅最小。在上、下两个学期中，语言形式聚焦产生的次数受发起者语言水平的影响。中、低语言水平的学习者在下学期产生的语言形式聚焦次数呈上升趋势，而高、较高语言水平的学习者产生的语言形式聚焦次数呈下降趋势。其中，中等语言水平的学习者产生的语言形式聚焦增幅最大，而低等语言水平的学习者产生的语言形式聚焦增幅最小。在上、下学期中，自我纠正是学习者最常用的解决方式，较少采用的是更正他人问题的解决方式。除了自我纠正之外，在上学期学习者更多地采取询问的解决方式，而在下学期学习者更多地采取提供的解决方式。在下学期，学习者采取提供、更正他人问题的解决方式的比例上升，而询问和自我纠正的解决方式的比例下降。此外，从下学期中学习者提供正确表述这种解决结果的比例增长，而提供错误表述和未解决这两种解决结果的比例下降，以及对语言形式聚焦的领会结果的比例增长，可以看出，在下学期对学习者来说，小组讨论取得了更好的学习效果，学习者在语言学习方面得到了进一步加强。

（3）影响语言形式聚焦的因素包括态度因子、环境因子、行动因子和个性因子，这4个因子与语言形式聚焦的次数之间均呈显著性正相关。这4个影响因子既包括社会层面的，也包括个人层面的。这4个因子之间是相互关联的，在本质上是相通的，它们从不同角度共同影响着学习者语言形式聚焦的产生及产生的次数。回归分析结果表明，对语言形式聚焦次数具有显著预测作用的是环境因子、个性因子和行动因子。对受访者的访谈结果还表明，小组互动的讨论话题的难易程度和敏感度、小组讨论前的准备时间、小组互动课堂录音的自我转写及班级的学风也是影响学习者的语言形式聚焦产生的因素。

7.2 研究的理论贡献和教学启示

7.2.1 理论贡献

本研究是在真实的课堂环境下，对中国大学英语课堂小组互动中的语言形式聚焦开展的实证研究和历时研究，其研究结果具有实际应用价值和理论意义。

从实际应用价值上来说，目前关于语言形式聚焦方面的研究大多数都是在语言实验室中或通过准实验研究的形式进行的，研究者一般选取的样本小、历时短，所得结论不适合推广到自然的课堂教学环境中。本研究中的语料不仅来自真实的课堂小组互动，而且所收集的语料具有样本大、历时长的特点。从这方面来说，本研究拓宽了语言形式聚焦研究的范围。另外，本研究以学习者为研究对象，并且通过问卷调查和非结构性访谈的方式来探讨语言形式聚焦的产生及其发展变化情况的原因，以及语言形式聚焦的影响因素，提供了语言形式聚焦研究的新视角。本研究是围绕中国学习者产生的语言形式聚焦而展开的，具有系统性、全方位且静态和动态相结合的特点，研究结果为教师在课堂教学中有针对性地开展语言教学，有效地组织课堂小组讨论，进而提高英语课堂教学的实用性，均提供了有益的参考。

从理论贡献上来看,本研究是在认知理论的基础上,从社会文化角度来分析语言形式聚焦的特点、发展变化情况及影响因素,拓展了语言形式聚焦研究的深度和广度,其研究结果也会在一定程度上拓宽理论的适用性。

7.2.2 教学启示

如本书第3章"研究设计与实施"中所述,本研究的步骤包括对课堂小组互动活动进行录音采集、课后对录音文件的自我转写、对学习者的问卷调查和非结构性访谈都是正常教学内容(包括课内和课后)的一部分。研究者没有对研究对象进行试验干预,而之前的学者虽然进行了大量语言形式聚焦方面的研究,但是这些研究大部分是在实验室环境中进行的,而且在实验室环境中得出的结果受到了不少研究者的质疑。而本研究作为源自真实课堂教学环境下的实证研究,具有较强的推广性和适用性,研究结果对中国数量众多的大学英语课堂具有实际的指导意义。我们将从以下5个方面来具体阐述本研究给我国大学英语教学带来的启示。

1. 增强学习者在课堂小组活动中的互动交流

本研究中,通过对学习者产生的语言形式聚焦的特征的分析和归纳总结,我们发现,先导型语言形式聚焦的次数远远高于反应型语言形式聚焦的次数。然而,在先导型语言形式聚焦和反应型语言形式聚焦的有效性方面,国外已有研究成果表明,反应型语言形式聚焦更有益于学习者的语言领会。结合本研究的另一个发现,即学习者产生的语言形式聚焦的方式以自我引发为主,并综合本研究在课堂观察及在研究后期对研究对象进行的问卷调查和访谈中的发现,都可以说明一个在中国大学英语学习者中普遍存在的事实:中国大学英语学习者在课堂小组互动中组员之间的交流与互动参与还不够充分,还亟待加强。针对这种现象,为了鼓励和督促学习者在小组互动中更加积极主动地参与讨论,并就语言形式问题进行询问、协商及相互纠正,英语教师作为英语学习者的指引者和鞭策者,应该帮助学习者增强对自己的学习负责的意识,让他们深刻认识到学习者自己才是语言学习的主体。教师还应该鼓励他们在课堂小组讨论中大胆发言,遇到语言问题时应主动向他人请教。教师还应该学会舍得下放权力和责任,不能主观地判断应该教给学习者哪些语言形式,而应该把大部分决定权交给学习者,只有这样,才能真正实现交际课堂以"学习者为中心"的教学理念。为了激发学习者的学习自主性,教师可以采取如下所述的系列措施,来培养学习者积极的学习态度,同时积极推动学习者加强小组互动中的沟通和交流。第一,教师可以帮助学习者正确看待组员之间的反馈,积极鼓励学习者之间进行反馈,尤其是低水平学习者和性格偏内向的学习者。教师可以营造轻松自由的课堂氛围,由此产生的积极情感能够帮助学习者坦然接受其他组员的纠正,不会因为受到否定而产生自卑或忧虑的情绪。教师可以在课堂上与学习者们讨论合作学习和小组互动交流的目的和意义,打消学习者的顾虑,同时介绍多种小组互动交流的方式,如质疑(questioning)、要求澄清(clarification request)、确认(confirmation check)等,即在课堂环境中教师对学习者进行课堂小组互动策略方面的培训。根据目前大学英语教学的状况,中国的英语学习者对互动策略的了解甚少,而且教师很少对学习者开展专门针对互动策略方面的培训。然而国内外的研究结果已经表明,互动策略的培训能使学习者学会如何进行意义协商,以及如何参与到连贯一致的互动中。同时,互动策略培训还可以增强学习者的策略意识,从而提高他们使用策略的频率,而掌握和使用互动策略能使学习者成为小组活动中更积极的参与者。质疑、要求澄清和确认等互动交流方式都不需学习者在有把握的情况下告知其他组员正确答案,而是给其他组员自己改正表达方式的机会。这既有利于被纠正者意识到语言使用中的不当之处,也能给其他学习者提供学习机会,获得可理解输入并增加语言知识。第二,教师在安排小组成员的构成方式时,不仅要考虑学习者的语言水平,还要考虑学习者的不同个性特征。根据弗兰克·莫里斯(Frank Morris)和伊莱恩·塔罗内(Elaine Tarone)的研究结果,小组成员之间的紧张关系会对小组互动中相互之间反馈的接受程度产生不利影响。对于低语言水平的学习者和性格偏内向的学习者,教师可以事先征求他们的意愿,将他们安排到有关系熟稔的成员的小组中。小组的构成方式应注意科学性，兼顾不同语言水平、不同性别、不同性格的学习者的搭配组合。在固定分组实施一段时间后，学习者之间逐渐熟悉，还可以考虑每隔一段时间更换小组的组成人员，让学习者有机会和不同的成员进行交流和合作，既可以增加相互之间的新鲜感，又可以有新的学习收获，从而增加学习者的学习动力。第三，教师还可以让学习者在每堂课后撰写回顾性日志，反思自己在小组讨论中的收获和需要完善改进之处，并列出新学习到的语言形式。课后的回顾性日志中，不仅仅包括自我反思，还可以评价小组其他成员在讨论中的表现，实现小组成员之间的互相评估。通过此种类型的自评和互评机制，来激励和鞭策学习者更加广泛、积极地参与小组互动讨论。第四，教师在设计课堂小组活动时，可以有意识地设计一些任务类型，如合作式听写任务、段落重组、存在信息沟的拼图任务等。已有研究成果表明，这些任务能迫使学习者通过合作来重组一段文字或者一系列图片。总之，只有学习者广泛地参与小组互动，才能有更多的机会自发地关注彼此之间的语言形式问题。也就是说，只有提高小组互动的质量，才能引导学习者更加自发地关注语言形式，增加产生语言形式聚焦的机会，最终有益于学习者语言水平的提高。

2. 引导学习者对不同语言形式的关注

本研究还发现，在小组讨论中，学习者产生的语言形式聚焦主要集中在语法、词汇和母语方面，而语用、语音和拼写方面的语言形式聚焦偏少。国内外学者的研究均有类似的结果。产生上述结果的主要原因是语法、词汇和母语方面的语言形式聚焦和小组讨论中的意义交流关系紧密，而语用、语音和拼写方面的语言形式聚焦和小组讨论中的意义交流之间的关系稍弱，因此学习者的关注度和重视度不尽相同。杰茜卡·威廉斯解释这种现象的原因时认为，学习者需要把注意力集中在他们所需要的词汇上面。本研究中出现上述现象的原因，可能是课堂小组互动完全是由学习者形成的，教师没有参与其中。在完全由学习者组成的小组讨论中，学习者由于语言知识有限，如语用方面知识的欠缺，因此对诸如语用方面的关注比较少。基于学习者课堂小组互动中存在的这些现象，教师可以适当地采取相应的措施来解决这个问题。具体来说，在学习者小组互动中，教师可以时不时地参与学习者的讨论，在学习者自身关注较少的语用方面更多地进行积极的引导，并且提供适当的帮助。为了避免教师加入小组讨论后会造成学习者的局促和焦虑，教师还可以在课后聆听小组录音，及时发现学习者在小组互动中存在的语用问题，并在课堂上进行及时的纠正。同时，教师还应该鼓励学习者学会自己揣摩语言的内涵，体会中文和英文在语用方面的区别，培养和增强学习者在语用方面的意识和能力。另外，在布置小组活动任务之前，针对学习者普遍关注较少的语音和拼写问题，教师可以提出相应的语音方面和拼写方面的要求，并在小组讨论后要求学习者在日志中总结出语音和拼写方面的收获。课后的录音转写任务也可以有效地督促学习者关注单词的拼写。对于学习者自身关注较少的语音方面的问题，教师还可以主动提供一些语音方面的指导，提醒学习者避免犯重复性、规律性的语音错误；还可以适当组织语音强化练习，帮助学习者纠正发音，特别是受方言影响而产生的不准确的发音。另外，针对小组互动中学习者容易借助母语达到交流目的的现象，教师在英语教学中要加强词汇方面的指导，如教师可以在教学过程中适当融入词汇策略的培训，指导学习者尽量避免使用母语，尝试用同义表达替代，或者使用描述性语言替代等策略来表达自己的想法。教师还可以在课堂口语训练中增加词汇的输入和练习机会，并指导学习者如何在小组互动中猜测对方想要表达的内容。教师可以多提供目标词汇，与学习者合作共建话语。

3. 设置合适的任务类型

本研究还表明，语言形式聚焦的产生受学习者语言水平的影响，语言水平低的学习者产生的语言形式聚焦次数少，语言水平高的学习者产生的语言形式聚焦次数多。从这个研究结果，我们可以看出，即使在一个相同的语言小环境中（即同一个小组中），语言形式聚焦的分布也是不均匀的，学习者的语言水平的差异造成了语言形式聚焦分布的差异。有研究表明，在小组互动中，学习者虽然没有直接参与语言形式聚焦，但是作为旁观者也能从中受益。语言形式聚焦是学习者自发地对语言形式的关注，对语言形式的领会还是大有裨益的。

如前文所述，教师可以更多布置诸如合作式听写任务、段落重组和拼图等任务类型，来调动小组内每位成员参与小组活动的积极性。在基于这些任务类型开展的小组互动活动中，不同语言水平的学习者在同一小组中的地位和作用相同，不存在"核心"地位的角色，组员之间存在着信息差，高水平的学习者必须通过低水平学习者获得信息，反之亦然。在同一个小组内，全部组员必须通过相互配合来完成任务。此外，前人研究成果还表明，这样的任务类型还可以有效地鼓励学习者关注语言形式。通过这些任务类型的设置，可以使不同语言水平的学习者都关注语言形式，从而提高小组活动的质量。如前面第4章中所分析的，语言形式聚焦产生受学习者语言水平影响的根本原因就在于注意力资源的分配，低语言水平学习者受语言水平的限制，在小组讨论中主要将注意力资源分配在意义上，分配到语言形式上的注意力资源则相对较少，高语言水平学习者则相反。对于每个学习者来说，注意力资源是有限的。为了解决交际过程中语言形式和意义的处理相矛盾的问题，教师也可以适当考虑任务类型的设置。比如，合作式听写任务就在一定程度上解决了理解意义和处理语言形式之间的矛盾。合作式听写的实施步骤如下：首先，教师根据学习者的语言水平选定一篇文章，选定的文章需要包括略高于学习者语言水平的语言形式。其次，在课堂上由教师用正常语速将文章朗读两遍（也可以选用已配有音频的文字材料，由教师在课堂上直接播放两遍音频），学习者仔细聆听并记录所听到的信息。两遍朗读结束之后，学习者开展小组讨论，在各自的记录的基础上通过相互合作来重新组织一篇文章，并使经过重新整理的文章尽可能地贴近原文。最后，学习者将重新整理好的文章和听力原文进行对照分析。合作式听写任务给学习者提供了在语言产出中提高语法能力的机会。一些实践研究结果也证明，合作式听写任务具有在交际环境中促进第二语言语法能力的作用。研究结果表明，在完成合作式听写任务的过程中，学习者能首先注意到自己语言知识的缺漏，并且能够通过互相合作的方式来找到解决的办法，从而提高自己或他人的语法能力。玛利亚·科瓦尔（Maria Kowal）和梅里尔·斯温（Merrill Swain）认为，合作式听写能够有效地促使学习者在表达意义的同时系统化地处理语言。

4. 设置任务前活动

本研究在探讨影响语言形式聚焦的因素时，学习者在访谈中反映同时关注语言形式和语言意思有困难。这个观点再次印证了前人的研究发现，即二语学习者同时加工语言意思和语言形式有困难。二语学习者，尤其是语言水平低的学习者，对意思的解码和编码的过程会制约对语言形式的关注。根据前面4.3节中分析的"输入加工理论""权衡假设"和"技能习得理论"，为了缓解语言水平低的学习者在小组活动中同时处理语言意思和语言形式比较困难的状况，教师可以在课前提供语言材料给学习者自学，在课上的小组活动开始之前尽量巩固和强化语言知识的学习，减少语言水平低的学习者在小组活动中因语言水平有限造成的意思理解的困难，以便将注意力资源有效地分配到语言形式上去。当然，教师还可以将语言材料收集的任务布置给学习者，让他们课前就完成既定主题的语言材料的整理工作，自学后上传至网络与其他学习者分享，提高学习者对语言学习的自主性，让学习者在课堂任务开始前就对语言形式掌握和熟知。

为了让学习者在以意义交流为目的的课堂活动中能更多地关注语言形式，教师还可以设计课堂上组织的任务前活动，如教师可以在课堂上直接进行语言知识的讲授。威勒姆·列维特（Willem Levelt）认为，任务前活动有助于口语的概念化（如确定要说的内容），这样就可以让学习者为了完成课堂任务在实际产出语言时能更多地关注形式（如有了词汇和语法的储备，就能解决怎么去说）。洛德丝·奥尔特加（Lourdes Ortega）也认为，任务前活动可以激活学习者工作记忆中现有的语言资源，学习者在完成实际任务时能做好随时调用这些已有语言资源的准备。任务前活动可以推动有准备的语言的使用，和没有准备的语言相比，这样的语言形式更加复杂化、更接近目标语言。在任务前活动中，教师辅助学习者在任务前关注语言形式，这样在课堂任务实际开展时，也就是学习者开展意义交流活动时，能解决学习者同时关注语言意思和语言形式有困难的状况，也可以促进二语学习。

5. 重视任务后活动

为了促进英语学习者交际能力和语言能力的同步发展，在以后的教学中不仅要重视任务前阶段的语言形式聚焦，还要充分重视任务后阶段的语言形式聚焦。正如彼得·斯凯恩指出，任务型教学为语言形式聚焦的实施提供了良好的教学环境，而任务后阶段的语言形式聚焦能够实现学习者对语言形式的有效注意。剑桥英语的创始人之一珍妮·威利斯（Jane Willis）也强调，二语课堂除了为学习者提供语言输入和使用的机会外，还需要在任务完成后引入语言形式聚焦的活动。我们认为，在具体做法上，为了巩固课堂小组互动中对语言形式关注的持续效应，教师还可以设置相应的任务后活动，如可以要求学习者撰写日志、汇报任务完成后在语言形式方面的收获。类似的任务后活动的设计可以继续引导学习者关注语言形式，加深对新学习到的语言形式的印象，将短期的、暂时存储在大脑中的语言形式发展为长期记忆中的语言存储，也就是促使学习者的工作记忆变成长期记忆。目前，在中国大学英语教学实践中，大部分教师都在教学过程中采用了任务型教学法。任务型语言教学作为交际教学法的一种具体形式，为语言形式聚焦提供了良好的实施平台，主要包括3个基本阶段，即任务前、任务中和任务后阶段。任务后活动可以和任务前、任务中活动结合起来，共同发挥各自的作用，让学习者在这3个阶段中不断持续地关注语言形式。另外，为了了解语言形式聚焦对语言发展的有效性究竟是怎样的，教师还可以根据任务后阶段学习者撰写的日志中涉及的具体语言形式的内容设计测试题目，了解学习者是否能准确使用这些语言形式。这种做法还可以进一步督促学习者对语言形式的关注和正确使用，真正将语言形式聚焦与学习者的语言发展联系起来，最终的目的是提高英语学习者的语言的准确性、句法的复杂性和词汇的复杂性。另外，在英语教学中教师还应该重视"多次任务"这一概念，"多次任务"就是对同一种任务类型或同一个讨论话题进行多次练习。也就是说在任务后阶段，教师还可以考虑重复开展某项小组任务，增加某项任务完成的频次。例如，在完成某次小组话题讨论后，学习者通过撰写日志反思语言形式上的不足、有待改进之处，以及在小组讨论中学习到的新的表达。通过这种做法让学习者对语言形式进行关注后，重新就某一话题再次进行小组讨论，以期获得语言上的提升和进步。从认知心理学的角度来看，语言学习也被视为一种技巧学习，其中包括3个阶段，即初始控制加工阶段、中期加工关联阶段、终极自动阶段。其中，多频次练习发挥了重要作用。随着任务频次的增多，学习者的反应时间和错误率将逐渐减少，受控制的陈述性知识将逐渐转化为自动的程序性知识。前人的研究成果已经表明，多个任务频次对学习者词汇的多样性有促进作用。在以往的教学实践中，由于教师担心学习者对相同的讨论话题或类型产生任务疲倦（task fatigue），重复练习往往不受重视，但结果表明，多次任务练习或任务重复能够释放学习者对内容的注意力资源，使其更加关注词汇使用，还可以促进学习者词汇运用的多样性，减少词汇重复。从长远来看，词汇多样性的提高也有利于促进学习者的词汇习得，最终也能促进学习者语言水平的整体提高。

7.3 研究的局限性及未来研究的方向

本研究关注交际课堂的主体（即学习者）的语言形式聚焦的特点、语言形式聚焦的发展变化情况，以及语言形式聚焦的影响因素。在对语言形式聚焦进行全方位的描述性研究中，虽然研究者已经控制了某些变量对结果的影响，如学习者在上、下两个学期中保持固定分组，同组4个组员的语言水平按高、较高、中、低进行搭配，小组互动的任务类型保持一致等，但是语言课堂中的小组语言环境还可能包含诸多因素（如性别、专业特点），这些因素都可能会对研究结果产生影响。本研究的数据来源于真实的课堂小组互动活动。本研究属于语言形式聚焦的描述性研究，有些变量研究者不便进行控制，如组员的性别、不同专业班级之间的差异、小组讨论话题之间的差异等，这些也有可能对语言形式聚焦产生一些影响。虽然这些因素可以在实验研究中得到控制，但是受控制的实验性研究结果并不适用于自然真实的课堂。本研究的另一个局限性是，重点描述并分析了学习者产生的语言形式聚焦的特征及语言形式聚焦在上、下两个学期的发展变化情况，但是忽略了学习者在小组讨论中产生的语言形式聚焦、在之后的口语产出中的直接效果是怎样的，以及如何通过小组互动中的语言形式聚焦来促进提高后续活动中的口语产出。本研究偏重语言形式聚焦的过程研究，而忽略了语言形式聚焦的结果研究。综上所述，未来语言形式聚焦方面的研究可以重点关注以下3个方面。

（1）在对学习者产生的语言形式聚焦的静态和动态方面有了全方位了解的基础上，为了充分发挥语言形式聚焦对学习者的语言发展产生的实际效应，未来的研究可以关注学习者在何种情况下采用何种手段来保证在交际课堂中自发地关注语言形式、语言形式聚焦实施的最佳点或时机，以及如何加强学习者对语言形式的真正内化和掌握。这些都是在实际教学过程中亟待解决的关键问题。我们期待未来的研究者开展更多的、广泛的、实际课堂所需要的相关研究。

（2）本研究探讨了学习者的语言形式聚焦中的领会结果和学习者的语言水平之间的关系。在二语习得领域，虽然学者们普遍认为领会是二语发展的标识，但是领会并不一定等同于二语的发展。事实上，语言形式聚焦为学习者产出强迫式输出提供了可能。学习者由于语言表达的需要，从而促进了语言的准确性和适切性方面的提高。未来的研究还可以考虑将语言形式聚焦与二语发展中语言产出的准确性、流利性和适切性联系起来，通过实证研究来探讨语言的准确性、流利性、适切性与语言形式聚焦之间的关系，为提高学习者的语言水平提供有益的参考和借鉴。语言形式聚焦的研究属于二语习得的研究范畴，研究语言形式聚焦的终极目标就是促进学习者的二语发展，而衡量二语发展的3个标准分别是语言的准确性、流利性和适切性。我们期待，诸如此类的研究成果继续丰富和发展二语习得研究领域。

（3）本研究是对语言形式聚焦的历时研究，是在前人偏重语言形式聚焦的共时研究基础上的突破和创新。未来的研究还可以考虑开展针对学习者个人的语言形式聚焦发展的研究，通过长期跟踪学习者任务前、任务中、任务后的语言形式聚焦方面的具体实施行为，收集学习者的日志，以及对学习者进行定期访谈，全面细致地了解语言形式聚焦在学习者的二语发展中起到的作用，继续拓宽语言形式聚焦研究的范围，为语言形式聚焦研究提供新的研究视角和研究方法。

附 录

附录 1　大学英语课堂上学期小组讨论话题

1. Can you figure out a special way to show the ring when proposing?
2. Should fast food advertisements be banned?
3. What do you think are the effective ways to achieve success?
4. What is the symbol of China?
5. What item do you take with you when earthquake happens?
6. Who is Person of Year 2015 in our class?
7. Should human cloning be allowed?
8. Have you ever heard of the sayings "birds of a feather flock together" and "opposites attract"? Which one do you agree more when it comes to making friends in your life?
9. What is the ideal family in your eyes?

附录 2　大学英语课堂下学期小组讨论话题

1. In your opinion, who is "one of a kind"?

2. What is your misfortune? Please elaborate it.

3. What can you do to protect your privacy on the Internet?

4. Which one do you prefer, living alone or living with roommates? Why?

5. Have you met or heard of fraud and deception before? Share it with your group members.

6. Are geniuses made or born?

7. What is the main discrimination in China?

8. Is Disneyland good for China?

9. Is EQ more important than IQ for a person?

附录3 大学英语课堂小组互动实施情况调查问卷

各位同学，首先感谢你参与本次问卷调查。这份问卷是为了解大学英语课堂小组互动实施情况而设计的，所有的资料都将保密，仅作为学术研究之用，请放心填答。每一道题都要做，不要遗漏。答案没有对错之分，但一定要能真实地反映你的情况。再次感谢你的参与。

第一部分：个人情况

姓名：_____   性别：_____

专业：_____   年级：_____

第二部分：问卷内容

本部分要了解的是大学英语课堂小组互动的实施情况，请你根据自己的实际情况，在"完全不同意""基本不同意""不确定""基本同意""完全同意"5个选项中选取一个画√。答案本身没有对错好坏之分，但你的回答对教学改革至关重要，请你不要漏答或不答。谢谢你的配合。

1. 课堂小组互动提高了我口语表达的自信心。

①完全不同意　②基本不同意　③不确定　④基本同意　⑤完全同意

2. 课堂小组互动增加了我学习英语的兴趣和动力。

①完全不同意　②基本不同意　③不确定　④基本同意　⑤完全同意

3. 我认为，在课堂小组互动中学到的东西印象特别深刻。

①完全不同意　②基本不同意　③不确定　④基本同意　⑤完全同意

4. 我认为，与小组其他成员交流时感到很放松。

①完全不同意　②基本不同意　③不确定　④基本同意　⑤完全同意

5. 我认为，课堂小组互动能提供更多练习英语的机会。

①完全不同意　②基本不同意　③不确定　④基本同意　⑤完全同意

6. 我认为，课堂小组互动对提高英语水平没有多大帮助。

①完全不同意　②基本不同意　③不确定　④基本同意　⑤完全同意

7. 我认为，相对于教师提供的反馈，学生为彼此提供的纠正更具有针对性。

①完全不同意　②基本不同意　③不确定　④基本同意　⑤完全同意

8. 我不能接受小组其他成员纠正自己的错误。

①完全不同意　②基本不同意　③不确定　④基本同意　⑤完全同意

9. 在课堂小组互动中，我很在意小组其他成员的看法。

①完全不同意　②基本不同意　③不确定　④基本同意　⑤完全同意

10. 在课堂小组互动中，我意识到自己的语言错误时，立即进行自我纠正。

①完全不同意　②基本不同意　③不确定　④基本同意　⑤完全同意

11. 在课堂小组互动中，小组成员之间没有充分的互动交流。

①完全不同意　②基本不同意　③不确定　④基本同意　⑤完全同意

12. 我和小组成员之间关系融洽。

①完全不同意　②基本不同意　③不确定　④基本同意　⑤完全同意

13. 在课堂小组互动中，与小组其他成员的交流能拓宽自己的知识面。

①完全不同意　②基本不同意　③不确定　④基本同意　⑤完全同意

14. 在课堂小组互动中，与小组其他成员的交流能拓展自己的思维能力。

①完全不同意　②基本不同意　③不确定　④基本同意　⑤完全同意

15. 在课堂小组互动中，我不会用英语表达时，小组其他成员给我提供了语言帮助。

①完全不同意　②基本不同意　③不确定　④基本同意　⑤完全同意

16. 在课堂小组互动中，小组成员之间相互纠正有利于英语学习。

①完全不同意　②基本不同意　③不确定　④基本同意　⑤完全同意

17. 在课堂小组互动中，我会当场纠正小组其他成员的语言错误。

①完全不同意　②基本不同意　③不确定　④基本同意　⑤完全同意

18. 在课堂小组互动中，小组其他成员能当场纠正自己的语言错误。

①完全不同意　②基本不同意　③不确定　④基本同意　⑤完全同意

19. 我更喜欢在课堂小组互动中被小组成员纠正，而不愿在全班同学面前被老师纠正。

①完全不同意　②基本不同意　③不确定　④基本同意　⑤完全同意

20. 我有意识地模仿小组其他成员的好的英语表达。

①完全不同意　②基本不同意　③不确定　④基本同意　⑤完全同意

附录4　大学英语课堂小组互动实施情况访谈问题

1. 对一年的英语学习的自我评价是怎样的？
2. 上、下两个学期的英语学习情况分别是怎样的？
3. 对自己和组员在小组讨论中的表现如何评价？
4. 在小组讨论过程中，能否听出自己的错误？能否听出其他组员的错误？错误的主要类型是哪些？是否自我纠正？是否介意其他组员纠正？是否主动纠正其他组员的错误？具体说明每个问题的原因。
5. 在小组讨论过程中，遇到不会用英语表达时如何处理？这样处理的原因是什么？

6. 课后的录音转写在小组内是如何分工的？录音转写对自己的英语学习有何帮助？

7. 小组内的成员关系如何？班级的学风、全班同学之间的关系如何？

8. 对英语课程有何建议？

9. 对小组讨论有何建议？

参考文献

一、中文文献

蔡植瑜. 交际语言教学中的聚焦于形插曲：英语专业精品课程课堂教学个案研究 [J]. 外语教学理论与实践, 2008 (3): 20-28.

戴运财, 戴炜栋. 从输入到输出的习得过程及其心理机制分析 [J]. 外语界, 2006 (1): 23-30, 46.

高强, 李艳. 国外语言形式教学新近研究进展述评 [J]. 外语教学, 2006 (5): 53-58.

何莲珍, 王敏. 交际课堂中的形式教学：国外近期研究综述 [J]. 外语与外语教学, 2004 (1): 23-27.

教育部高等教育司. 大学英语课程教学要求 [M]. 上海：上海外语教育出版社, 2007.

寇金南. 中国大学英语课堂小组互动模式研究 [M]. 北京：世界图书出版公司, 2015.

李茜. 任务类型及任务频次对英语学习者口语产出的影响：以任务后语言形式聚焦为情境 [J]. 外语与外语教学, 2015 (6): 42-48.

李茜. 任务后语言形式聚焦对英语学习者口语产出的影响 [J]. 外语教学与研究, 2013 (2): 214-226, 319.

林梅, 刘学惠, 林昕. 国外"形式聚焦"理论综述 [J]. 外语教学理论与实践, 2008 (4): 82-87.

林琼. 国外交互性形式教学研究综述 [J]. 天津外国语学院学报, 2009 (3): 63-70.

秦晓晴. 外语教学研究中的定量数据分析 [M]. 武汉：华中科技大学出版社, 2003: 37.

田丽丽. 形式教学对二语接受型词汇成绩的影响 [J]. 外语与外语教学, 2011 (2): 52-56.

王蓓蕾. 大学英语课堂任务后学生互动中的语言形式聚焦探究 [J]. 外语与外语教学, 2016 (1): 42-49, 147.

徐锦芬, 曹忠凯. 国内外外语/二语课堂互动研究 [J]. 外语界, 2010 (3): 51-59.

徐锦芬, 寇金南. 基于词频的国内课堂互动研究热点及趋势分析 [J]. 解放军外国语学院学报, 2014a (5): 1-9.

徐锦芬, 寇金南. 基于词频的国外互动研究热点及趋势分析 (2000—2012) [J]. 外语教学, 2014b (5): 15-19.

徐锦芬, 寇金南. 大学英语课堂小组互动策略培训实验研究 [J]. 外语教学与研究, 2011 (1): 84-95.

余美根. 论口语形式纠错无效论的缺陷 [J]. 现代外语, 2011 (1): 91-98, 110.

张香存. 中国大学英语教师对"Focus-on-Forms"和"Focus-on-Form"教学方法的认知 [J]. 外语教学, 2005 (3): 65-68.

张一平. "Focus on Form"在第二语言教学中的理论和实践 [J]. 西安外国语学院学报, 2006 (4): 43-47.

邹慧民. 交际语言任务中的"形式关注" [J]. 外语与外语教学, 2012 (1): 21-25, 57.

二、英文文献

ADAMS R. Peer-peer interaction, implications for second language acquisition [D]. Washington, D. C. : Georgetown University, 2004.

ALCON E. Focus on form, learner uptake and subsequent lexical gains in learners' oral production[J]. International Review of Applied Linguistics in Language Teaching, 2009, 15(47): 347-365.

ALCON E. Incidental focus on form, noticing and vocabulary learning in the EFL classroom[J]. International Journal of English Studies, 2007, 7(2): 41-60.

ALEGRIADELA C, GARCIA M. Attention to form across collaborative tasks by low-proficiency learners in an EFL setting[C]//GARCIA M. Investigating tasks in formal language learning. Clevedon: Multilingual Matters, 2007: 91-116.

ANDERSON J R. The architecture of cognition [M]. Cambridge, Massachusettes: Harvard University Press, 1983.

ANDERSON J R. Acquisition of cognitive skill [J]. Psychological Review,1982,89(4):369-406.

ANDREA R. Task complexity, focus on L2 constructions, and individual differences: A classroom-based study [J]. The Modern Language Journal,2011,95:162-181.

APPEL G,LANTOLF J P. Speaking as mediation: A study of L1 and L2 text recall tasks[J]. The Modern Language Journal,1994,78(4):437-452.

BEJARANO Y,LEVINET,OLSHTAINE. The skilled use of interaction strategies: Creating a framework for improved smallgroup communicative interaction in the language classroom[J]. System,1997,25(2):203-214.

BROOKS F,DONATO R,MCGLONEM J V. When are they going to say "it" right? Understanding learner talk during pair-work activity[J]. Foreign Language Annual,1997,30(4):524-541.

CAZDEN C. Classroom discourse: The language of teaching and learning [M]. Portsmouth, NH: Heinemann,1988.

CAZDEN C,BECK S. Classroom discourse[C]//GOLDMANS R. Handbook of discourse processes. Mahwah,N. J. :Erbaum,2003:165-197.

CORTAZZI M,JIN L. Cultures of learning:Language classrooms in China[C]//COLEMAN H. Society and the language classroom. Cambridge,England:Cambridge University Press,1996:169-206.

COUGHLAN P,DUFF P A. Same task, different activities: Analysis of a SLA task from an activity theory perspective[C]//LANTOLF J P, APPEL G. Vygotsky approaches to second language research. Norwood,N. J. :Ablex,1994:173-193.

COWAN N. An embedded-processes model of working memory [C]//MIYAKE A,SHAHP. Models of working memory: Mechanisms of active maintenance and executive control. New York: Cambridge University Press,1999:62-101.

DEKEYSER R. Practice in a second language: Perspectives from applied linguistics and cognitive psychology[M]. Cambridge:Cambridge University Press,2007.

DOBAO A F. Attention to form in collaborative writing tasks:Comparing pair and small group interaction [J]. Canadian Modern Language Review,2014,70(2):158-187.

DONATO R. Sociocultural contributions to understanding the foreign and second language classroom [C]//LANTOLF J P. Sociocultural theory and second language learning. Oxford:Oxford University Press,2000:27-50.

DOUGHTY C. Cognitive underpinnings of focus on form [C]//ROBINSON P. Cognition and second language instruction. Cambridge: Cambridge University Press, 2001:206 – 257.

DOUGHTY C, VARELA E. Communicative focus on form [C]//DOUGHTY C, WILLIAMS J. Focus on form in classroom second language acquisition. Cambridge: Cambridge University Press, 1998: 114 – 138.

DOUGHTY C, WILLIAMS J. Issues and terminology [C]//DOUGHTY C, WILLIAMS J. Focus on form in classroom second language acquisition. Cambridge: Cambridge University Press, 1998:1 – 11.

ELLIS R. Anniversary article focus on form: A critical review [J]. Language Teaching, 2016, 20(3):405 – 428.

ELLIS R. Instructed second language acquisition, learning in the classroom [M]. Oxford: Basil Blackwell, 1990.

ELLIS R, BASTURKMEN H, LOEWEN S. Doing focus-on-form [J]. System, 2002, 30(4):419 – 432.

ELLIS R, BASTURKMEN H, LOEWEN S. Preemptive focus on form in the ESL classroom [J]. TESOL Quarterly, 2001a, 35(3):407 – 432.

ELLIS R, BASTURKMEN H, LOEWEN S. Learner uptake in communicative ESL lessons [J]. Language Learning, 2001b, 51(2):281 – 318.

ELLIS R, TANAKA Y, YAMAZAKI A. Classroom interaction, comprehension and L2 vocabulary acquisition[J]. Language Learning, 1994, 44(3):449 – 491.

FOSTER P, OHTA A S. Negotiation for meaning and peer assistance in second language classrooms [J]. Applied Linguistics, 2005, 26(3):402 – 430.

FREIERMUTH M, JARRELL D. Willingness to communication: Can online chat help? [J]. International Journal of Applied Linguistics, 2006, 16(2):189 – 212.

GARCIA M M, PICA T. L2 learner interaction in a foreign language setting: Are learning needs addressed? [J]. International Review of Applied Linguistics in Language Teaching, 2000, 38(1): 35 – 58.

GASS S. Input, interaction, and the second language learner [M]. Lawrence Erlbaum Associates, 1997.

GASS S, MACKEY A, ROSS-FELDMAN L. Task-based interactions in classroom and laboratory setting[J]. Language Learning, 2005, 55(4):575 – 611.

GATBONTON E, SEGALOWITZ N. Creative automatization: principles for promoting fluency within a communicative framework [J]. TESOL Quarterly, 1988, 22(3):473 – 492.

HANCOCK M. Behind classroom code switching: Layering and language choice in L2 learner interaction[J]. TESOL Quarterly,1997,31(2):217-235.

HARLEY B. The role of focus-on-form tasks in promoting child L2 acquisition [C]// DOUGHTY C,WILLIAMS J. Focus on form in classroom second language acquisition. Cambridge: Cambridge University Press,1998:156-174.

HYDE M. Pair work: A blessing or a curse? An analysis of pair work from pedagogical, cultural, social and psychological perspectives[J]. System,1993,21(3):343-348.

JOHNSON K. Understanding communication in second language classrooms[M]. Cambridge: Cambridge University Press,1995.

KASPER G,ROSE K R. Pragmatic development in a second language [M]. Oxford: Blackwell,2002.

KINSELLA K. Designing group work that supports and enhances diverse classroom work styles[J]. TESOL Journal,1996,6(1):24-31.

KOWAL M,SWAIN M. Using collaborative language production tasks to promote students' language awareness[J]. Language Awareness,1994,3(2):73-93.

KRASHEN S. Principles and practice in second language acquisition [M]. Oxford: Pergamon,1982.

KUOIC V. Student perceptions of student interaction in a British EFL setting[J]. English Language Teaching Journal,2011,65(3):281-290.

LANTOLF J P,AHMED M. Psycholinguistic perspectives on interlanguage variation: A Vygotsky an analysis[C]// GASS S,MADDEN C,PRESTON D. Variation in second language acquisition: Psycholinguistic issues. Clevedon,Avon,England: Multilingual Matters,1989:93-108.

LAPIERRE D. Language output in a cooperative learning setting: Determining its effects on second language learning[M]. Ontario,Canada: National Library of Canada,1994.

LESSER M. Learner proficiency and focus on form during collaborative dialogue [J]. Language Teaching Research,2004,8(1):55-81.

LEVELT W J. Speaking: From intention to articulation[M]. Cambridge: Cambridge University Press,1989.

LOEWEN S. Incidental focus on form and second language learning[J]. Studies in Second Learning Acquisition,2005,27(3):361-386.

LOEWEN S. Variation in the frequency and characteristics of incidental focus on form [J]. Language Teaching Research,2003,7(3):315-345.

LOEWEN S,PHILP J. Recasts and adults English L2 classrooms:Characteristics,explicitness and effectiveness[J]. Modern Language Journal,2006,90(4):536-556.

LONG M H. Second language acquisition and task-based language teaching [M]. Malden,MA:Wiley Blackwell,2015.

LONG M H. Focus on form:A design feature in language teaching methodology [C]//DE BOT K,GINSBERG R,KRAMSCH C. Foreign language research in cross-cultural perspective. Amsterdam:John Benjamins,1991:39-52.

LONG M H. Instructed interlanguage development [C]// BEEBE L. Issues in second language acquisition:Multiple perspective. Rowley,MA:Newbury House,1988:115-141.

LONG M H. Native speaker/non-native speaker conversation and the negotiation of comprehensible input [J]. Applied Linguistics,1983,4(2):126-141.

LONG M H,ROBINSON P. Focus on form:Theory,research and practice [C]//DOUGHTY C,WILLIAMS J. Focus on form in classroom second language acquisition. Cambridge:Cambridge University Press,1998:15-41.

LYNCH T. Learning from the transcripts of an oral communication task[J]. ELT Journal,2007,61(4):311-320.

LYNCH T. Seeing what they meant:Transcribing as a route to noticing [J]. ELT Journal,2001,55(2):124-132.

LYSTER R,RANTA L. Corrective feedback and learner uptake:Negotiation of form in communicative classrooms[J]. Studies in Second Language Acquisition,1997,19(1):37-66.

MACKEY A,GASS S,MCDONOUGH K. How do learners perceive interactional feedback [J]. Studies in Second Language Acquisition,2000,22(4):471-497.

MACKEY A,PHILP J. Conversational interaction and second language development:Recasts,responses and red herrings [J]. Modern Language Journal,1998,82(3):338-356.

MACKEY A,PHILP J,EGI T. Individual differences in working memory,noticing of interactional feedback and L2 development [C]//ROBINSON P. Individual differences and instructed language learning. Philadelphia:Benjamins,2002:181-209.

MCDONOUGH K. Learner-learner interaction during pair and small group activities in a Thai EFL context[J]. System,2004,32(2):207-224.

MORRIS F,TARONE E. Impact of classroom dynamics on the effectiveness of recasts in second language acquisition[J]. Language Learning,2003,53(2):325-368.

NABEI T. Dictogloss:Is it an effective language learning task? [J]. Working Papers in Educational Linguistics. 1996,12(1):59-74.

NAKATSUKASA K,LOEWEN S. A teacher's first language use in form-focused episodes in Spanish as a foreign language classroom[J]. Language Teaching Research,2015,19(2):133-149.

NASSAJI H. Participation structure and incidental focus on form in adult EFL classrooms[J]. Language Learning,2013,63(4):835-869.

NASSAJI H. The occurrence and effectiveness of spontaneous focus on form in adult ESL classrooms [J]. Canadian Modern Language Review,2010,66(6):907-933.

NASSAJI H. Effects of recasts and elicitations in dyadic interaction and the role of feedback explicitness[J]. Language Learning,2009,59(2):411-452.

NASSAJI H. Elicitation and reformulation and their relationship with learner repair in dyadic interaction[J]. Language Learning,2007,57(4):511-548.

NAUGHTON D. Cooperative strategy training and oral interaction:Enhancing small group communication in the language classroom [J]. The Modern Language Journal,2006,90(2):169-184.

NICHOLS P G. Adult migrant learner perceptions of dyadic interaction in the learning of English as a second language in Australia [D]. Perth:Edith Cowan University,1994.

OCHS E. Planned and unplanned discourse[C]//GIVON T. Syntax and semantics: discourse and syntax. New York:Academic Press,1979:51-80.

OHTA AS. Rethinking recasts:A learner-centered examination of corrective feedback in the Japanese language classroom[C]//HALL J K, VERPLAESTE L. Second and foreign language learning through classroom interaction. Mahwah,NJ:Lawrence Erlbaum,2000:47-71.

OLIVER R. Age differences in negotiation and feedback in classroom and pairwork[J]. Language Learning,2000,50(1):119-151.

ORTEGA L. Planning and focus on form in L2 oral performance[J]. Studies in Second Language Acquisition,1999,21(1):109-148.

PANOVA I,LYSTER R. Patterns of corrective feedback and uptake in an adult ESL classroom[J]. TESOL Quarterly,2002,36(4):573-595.

PHILIPS SU. The invisible culture:Communication in classroom and community on the warm springs reservation[M]. New York:Longman,1983.

PHILP J, WALTER S, BASRURKMEN H. Peer interaction in the foreign language classroom: What factors foster a focus on form? [J]. Language Awareness, 2010, 19(4):261 – 279.

PLATTE, BROOKS F B. The "acquisition-rich environment" revisited [J]. The Modern Language Journal, 1994, 78(4):497 – 511.

RICHARDS JC, RODGERS T S. Approaches and methods in language teaching [M]. Cambridge: Cambridge University Press, 2001.

ROBINSON P. Criteria for classifying and sequencing pedagogic tasks [C]//GARCIA M. Investigating tasks in formal language learning. Clevedon: Multilingual Matters, 2007:7 – 26.

ROBINSON P. Task complexity, task difficulty, and task production: Exploring interactions in a componential framework [J]. Applied Linguistics, 2001, 22(1):27 – 57.

ROBINSON P. Attention, memory, and the "noticing" hypothesis [J]. Language Learning, 1995, 45(2):283 – 331.

ROEBUCK R. Subjects speak out: How learners position themselves in a psycholinguistic task [C]// LANTOLF J P. Sociocultural theory and second language learning. Oxford: Oxford University Press, 2000:79 – 95.

ROSKAMS T. Chinese EFL students' attitudes to peer feedback and peer assessment in an extended pairwork setting [J]. RELC Journal, 1999, 30(1):79 – 123.

SCHEGLOFF E A, JEFFERSON G, SACKS H. The preference for self-correction in the organization of repair in conversation [J]. Language, 1977, 53(2):361 – 382.

SCHMIDT R. Attention [C]// ROBINSON P. Cognition and second language instruction. Cambridge: Cambridge University Press, 2001:3 – 32.

SCHMIDT R. Consciousness and foreign language learning: A tutorial on the role of attention and awareness in learning [C]//SCHMIDT R. Attention and awareness in foreign language learning. Honolulu: University of Hawaii Press, 1995:1 – 63.

SHEEN Y. Recasts, language anxiety, modified output, and L2 learning [J]. Language Learning, 2008, 58(4):835 – 874.

SHEEN Y. Corrective feedback and learner uptake in communicative classrooms across instructional settings [J]. Language Teaching Research, 2004, 8(3):263 – 300.

SHEHADEH A. Self-and other-initiated modified output during task-based interaction [J]. TESOL Quarterly, 2001, 35(3):433 – 457.

SKEHAN P. Modelling second language performance: Integrating complexity, accuracy, fluency and lexis[J]. Applied Linguistics, 2009, 30(4): 510 – 532.

SKEHAN P. Task research and language teaching: Reciprocal relationships [C]// FOTOS S, NASSAJI H. Form-focused instruction and teacher education: Studies in honor of Rod Ellis. Oxford: Oxford University Press, 2007: 55 – 69.

SKEHAN P. A cognitive approach to language learning[M]. Oxford: Oxford University Press, 1998.

SLIMANI A. The role of topicalization in classroom language learning[J]. System, 1989, 17(2): 223 – 234.

SPADA N. Form-focused instruction and second language acquisition: A review of classroom and laboratory research [J]. Language Teaching, 1997, 30(1): 73 – 87.

SPADA N, LIGHTBOWN P. Instruction and the development of questions in the L2 classroom [J]. Studies in Second Language Acquisition, 1993, 15(2): 205 – 221.

STORCH N. Patterns of interaction in ESL pair work[J]. Language Learning, 2002, 52(1): 119 – 158.

STORCH N, ALDOSARI A I. Pairing learners in pair work activity[J]. Language Teaching Research, 2012, 17(1): 31 – 48.

SWAIN M. The output hypothesis and beyond: Mediating acquisition through collaborative dialogue [C]//LANTOLF J. Sociocultural theory and second language learning. Oxford: Oxford University Press, 2000: 97 – 114.

SWAIN M. Focus on form through conscious reflection[C]// DOUGHTY C, WILLIAMS J. Focus-on-form in classroom second language acquisition. Cambridge: Cambridge University Press, 1998: 64 – 81.

SWAIN M. Three functions of output in second language learning[C]// COOK G, SEIDHOFER B. Principles and practice in the study of language. Oxford: Oxford University Press, 1995: 125 – 144.

SWAIN M. Communicative competence: Some roles of comprehensible input and comprehensible output in its development [C]// GASS S, MADDEN D. Input in second language acquisition. Rowley, MA: Newbury House, 1985: 235 – 245.

SWAIN M, BROOKS L, TOCALLI-BELLE R. A Peer-peer dialogue as a means of second language learning[J]. Annual Review of Applied Linguistics, 2002, 22(22): 171 – 185.

SWAIN M, LAPKIN S. Focus on form through collaborative dialogue: Exploring task effects[C]// BYGATE M, SKEHAN P, SWAIN M. Researching pedagogic tasks: Second language learning, teaching and testing. London: Longman, 2001: 99 – 118.

SWAIN M, LAPKIN S. Problems in output and the cognitive processes they generate: A step towards second language learning[J]. Applied Linguistics, 1995, 16(3): 371 – 391.

TALYNIA N. The psychology of learning: Theories of learning and programmed instruction [M]. Moscow: Progress Press, 1981.

TOGNINI R. Interaction in languages other than English classes in Western Australian primary and secondary schools: Theory, practice and perceptions [D]. Perth: Edith Cowan University, 2008.

TOGNINI R, PHILP J, OLIVER R. Rehearsing, conversing, working it out: Second language use in peer interaction[J]. Australian Review of Applied Linguistics, 2010, 33(3): 28.1 – 28.25.

TROFIMOVICH P, AMMAR A, GATBONTON E. How effective are recasts? The role of attention, memory, and analytical ability [C]// MACKEY A. Conversational interaction in second language acquisition: A series of empirical studies. Oxford, UK: Oxford University Press, 2007: 171 – 195.

VANLIER L. The classroom and the language learner: Ethnography and second-language classroom research[M]. London: Longman, 1988.

VANPATTEN B. Input processing in SLA[C]//VANPATTEN B. Processing instruction: theory, research and commentary. Mahwah, NJ: Lawrence Erlbaum, 2003: 5 – 31.

VANPATTEN B. Input processing and grammar instruction in second language acquisition [M]. Norwood, NJ: Ablex, 1996.

VANPATTEN B. Attending to form and content in the input[J]. Studies in Second Language Acquisition, 1990, 12(3): 287 – 301.

VYGOTSKY L S. Thought and language [M]. Cambridge, M. A. : MIT Press, 2012.

VYGOTSKY L S. Mind in society: The development of higher psychological processes[M]. Cambridge: Harvard University Press, 1978.

WAJNRYB R. Grammar dictation[M]. Oxford: Oxford University Press, 1990.

WHITE J. Getting the learners' attention: A typographical input enhancement study [C]// DOUGHTY C, WILLIAMS J. Focus on form in classroom second language acquisition. Cambridge: Cambridge University Press, 1998: 85 – 113.

WILLIAMS J. The effectiveness of spontaneous attention to form[J]. System, 2001a, 29(3): 325 – 340.

WILLIAMS J. Learner-generated attention to form[J]. Language Learning, 2001b, 51(4): 303 – 346.

WILLIAMS J. Learner-generated attention to form [J]. Language Learning, 1999, 49(4): 583 – 625.

WILLIAMS J, EVANS J. What kind of focus and on which forms? [C] //DOUGHTY C, WILLIAMS J. Focus on form in classroom second language acquisition. Cambridge: Cambridge University Press, 1998: 139 – 155.

WILLIS J. A framework for task-based learning [M]. London: Addison Wesley Longman, 1996.

YANG Y, LYSTER R. Effects of form-focused practice and feedback on Chinese EFL learners' acquisition of regular and irregular past tense forms [J]. Studies in Second Language Acquisition, 2010, 32(2): 235 – 263.

YULE G, MACDONALD D. Resolving referential conflicts in L2 interaction: The effect of proficiency and interactive role [J]. Language Learning, 1990, 40(4): 539 – 556.

ZHAO Y, BITCHENER J. Incidental focus on form in teacher-learner and learner-learner interactions [J]. System, 2007, 35(4): 431 – 447.

后　记

当用最后一个句号结束这本书时，回想起这几年因为它而尝过的酸甜苦辣，我心里百感交集。从 2011 年至 2017 年，6 年的时间，春夏秋冬的六个轮回，我执着前行，为了完成学业，实现自己的梦想。一路所经历的辛酸冷苦，只有自己最能体会。在这 6 年里，一路上有太多的感动，得到了很多人的鼓励、帮助和指引。没有他们，就不会有今天的我。

感谢我的第一导师何锡章教授。他豁达爽直、学识渊博，为人真诚朴实，治学务实、严谨，给了我很多的启迪和鼓舞。非常感谢他一直以来对我的关注和指引，我非常荣幸也非常骄傲，能成为他的学生，并今生今世都以此为荣。

感谢我的第二导师徐锦芬教授。她优雅知性，学术硕果累累，亲自引领我走上科研的道路。她与我畅谈、分享研究方法，结合研究兴趣给我推荐相关的阅读期刊和专著，定期和我交流阅读后的所思所想；邀我参加博士沙龙，融入学术研究氛围浓厚的大家庭，参与课题组的研究、选题的确定、开题报告的修改，在论文写作过程中进行答疑、指导和修正……一步一步，一点一滴，才有这篇博士论文的最终完成。她无私奉献、不吝赐教，密切关注像我这样的年轻教师的成长，给予我太多的支持和鼓励。在她的无私帮助下，我这个科研新手渐渐地找到了感觉，尝到了科研的乐趣，在写作论文的过程中逐渐提高了科研意识和素养，为下一步的科研发展打下了坚实的基础。我的感激之情无以言表，唯以继续努力、不断前行，来回报徐老师的苦心栽培。

感谢我的家人。我的善良、正直、爽朗的父亲，他的养育之恩重如山，我时刻铭记在心。他积极、乐观、向上的人生态度时刻激励我前行！还有已身患重病，但一直默默关注我的母亲，有母亲在的地方，就有家的温暖和亲切！感谢我的先生，感谢他一直支持、鼓励我，尽力操持家中事宜，让我能安心写作。感谢他在我困惑迷茫时给我信心，助我走出困境，继续向着目标前行！感谢我的灵气十足、乖巧可爱的小女儿，她努力安排好自己的学习，自觉刻苦地学习，让我能既安心又省心地将大部分精力投入论文写作。感谢她在我写作倦怠时，萦绕在我身边雀跃逗乐，帮我解压和放松；她银铃般的笑声和灿烂如花的脸庞都是给我的莫大的安慰、动力和支持。感谢身在武汉的大姐，还有远在荷兰的二姐，她们给了我太多的亲情、太多的爱，我无以言表！

感谢我的大学闺密兼室友、远在成都的陈玉兰，感谢她在我最无助的时候给我信心和勇气，分享自己的科研心得。更令我感动的是，她通过网络给我提供数据分析方面的指导，细致耐心地帮我熟练掌握数据统计的过程。还要感谢我的好室友建华，是她帮我解答文献检索的问题，给我提供及时的帮助。她们如此真诚和不计得失的付出，让我既感慨又感动。她们为我所做的一切都让我难以忘怀。

感谢给我很多科研指引的同事们。当我困惑时，他们总能帮我指点迷津，使我跨越一个又一个困难和障碍。感谢郭燕老师，每当我遇到困难时，她总能在第一时间给我提供悉心的帮助。感谢她耐心细致地帮我审阅论文，并给出具体的修改建议，指导我如何拓展研究的深度。给我提供帮助的同事还有很多很多，感谢雷蕾老师、唐芳老师、施渝老师、樊葳葳老师、张再红老师、秦振华老师……你们都是我仰慕的、优秀的教师，也是值得我学习的科研榜样。

感谢我的朋友们多年来对我的关心和爱护。感谢沉稳睿智的Chris同学，感谢善良勤恳的玉梅同学，感谢默默支持我的卷舒同学，感谢与我亲如姐妹的蔡同学，感谢总是能量满满的刘畅，感谢远在美国的杨磊同学，感谢我的大学室友姐妹们……你们都是我前行路上最好的见证者，有你们的陪伴，真的觉得好幸福、好知足！

最后，要感谢的人就是我自己，感谢自己能坚持走完这段艰辛的求学之路，能战胜自己，成为让自己更加欣赏的人。困惑彷徨时，我无数次地想过放弃，但又无数次说服自己，再坚持一下，再坚持一下，别人能做到的事情，我为何不能？事实证明，我真的做到了。感谢自己，在生活的各种历练中成为更好的自己。

谨以此书献给我认识的所有人，你们都是上天赐予我的最好的缘分！

刘芳

2019 年 8 月 15 日于湖北武汉